Ⓢ新潮新書

磯田道史
*ISODA Michifumi*

# 武士の家計簿

「加賀藩御算用者」の幕末維新



005

新潮社

# はしがき

## 「金沢藩士猪山家文書」の発見

「金沢藩士猪山《いのやま》家文書」という武家文書に、精巧な「武士の家計簿」が含まれていることを知ったのは、まったくの偶然であった。長年、武士の家計簿を探していた筆者にとっては、僥倖そのものであった。本書は、この武士家族の家計簿に焦点をあて、江戸時代から明治・大正にかけて、武士・士族がどのような日常生活をおくったのかを描くものである。

まず「はしがき」として、この稀有な古文書が発見されたときの経緯をありのままに記しておきたい。

私が、猪山家文書に出会ったのは、平成十三年の夏のことである。暑い日であったが、私は噴き出る汗もぬぐわず、地下鉄の階段を駆け上がって、神田神保町の古書店をめざしていたのを憶えている。ポケットには現金十六万円がねじ込まれていた。言うまでもなく古文書を買い取る代金であり、一刻もはやく目的の古文書をみようと、急いでいた。そして、古書店につくなり、主人にこういった。「見せてください。目録四番の金沢の古文書です。お願いします」。

これほど慌てていたのには理由がある。

私のもとに一冊の古文書販売目録が郵送されてきた。歴史研究者の自宅には、よくこの種の販売目録が送り付けられてくる。いつものように物憂い目でパラパラとめくってはみた。古文書が商品化されるのは、あまり好ましいことではない。しかし、史料が廃棄処分から救われ、古書市場に流れて、研究者の目にとまることもある。目録のあるページをひらいた瞬間、私の目は釘付けになった。

そこには一つの古文書の写真があった。説明には「金沢藩猪《ママ》山家文書　入拂《いりばらい》帳・給禄証書・明治期書状他　天保〜明治　一函　十五万円」とあった。私は直感した。（これは武士の家計簿かもしれない……）。しかも、かなり大部で精密な)。急いで受話器をとって、販売元の古書店に電話をかけると「まだ売れていない」という。すぐに銀行に行って現金を引き出し、地下鉄に飛び乗って、神田神保町にあるその古書店秦川《しんせん》堂に駆けつけたのであった。

見るからに慌てている私とは逆に、古書店の主人は落ち着いたものである。「それです」。ゆっくりと、ゆびさした。そこには古い和紙を詰め込んだ段ボールが一つおかれていた。温州みかんの箱であった。おそるおそる近づき、その古文書をめくった私は思わず息を呑んだ。それはまさしく「武士の家計簿」であった。しかも、ただの家計簿ではない。驚くべきことに、天保十三（一八四二）年七月から明治十二（一八七九）年五月まで、約三十七年間（三十六年分）にわたって残されていた。幕末武士が明治士族になるまでの完璧な記録であった。

その日から、私と古文書との格闘が始まった。自宅の食卓が古文書を解剖する「手術台」になった。古文書の汚いホコリは不潔であり、食卓には禁物であるが、そんなことはどうでもよかった。一枚一枚めくって写真をとり複写をして解読していく。すると、いろいろなことがわかってきた。金沢藩、今日では加賀藩と呼ばれることのほうが多い。販売目録には「楮山《こうぞ》家」とあったが、これは読み違えであり、正しくは「猪《いの》山家」の文書であること。家計簿だけでなく明治初年の家族の書簡や日記が含まれていること。毎日が発見の連続であった。古文書を調べるにつれて、この家族の経験した歴史が次第に浮かび上がってきた。驚いたことに、猪山家は、すでに幕末から明治・大正の時点で、金融破綻、地価下落、リストラ、教育問題、利権と収賄、報道被害……など、現在の我々が直面しているような問題をすべて経験していた。

古書店で購入した古文書には、すさまじい社会経済変動を生き抜いた「ある家族の生活の歴史」が缶詰のように封じ込められていたのである。

# 武士の家計簿——「加賀藩御算用者」の幕末維新【目次】

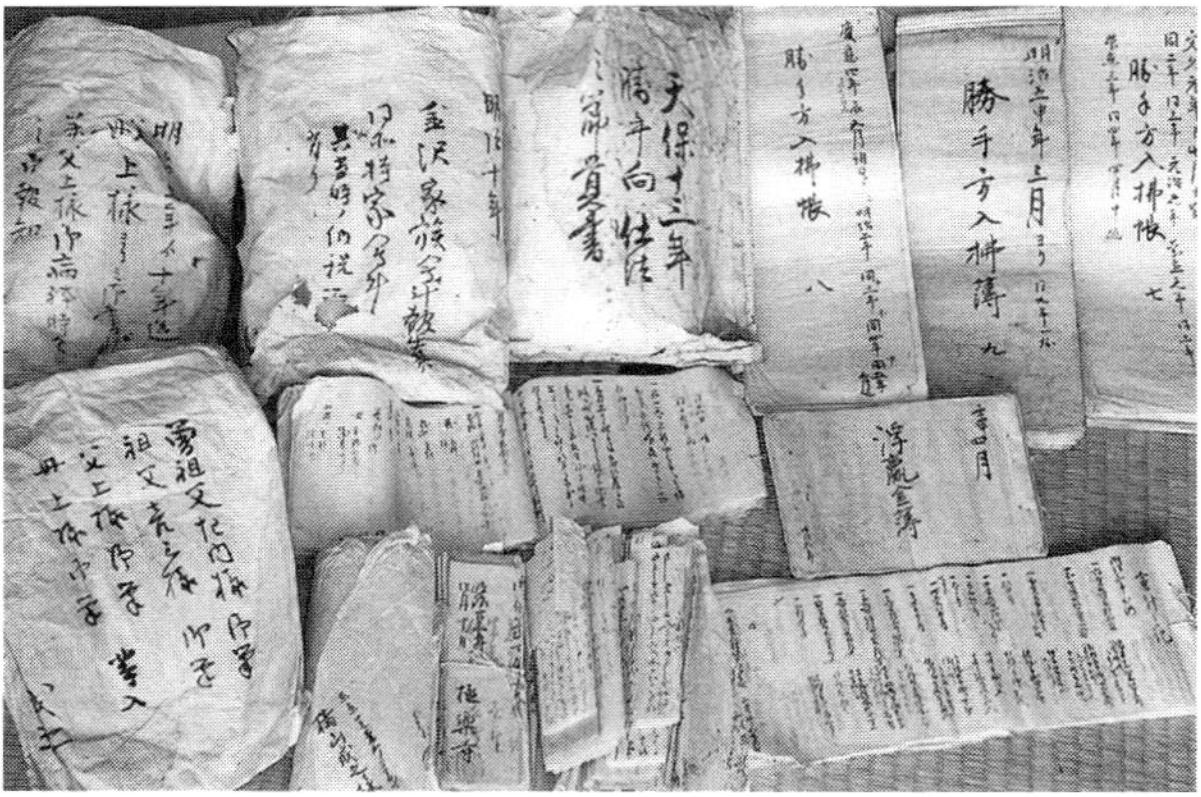

猪山家文書

# 第一章　加賀百万石の算盤係

わかっていない武士の暮らし

猪山《いのやま》家の家計簿には収入金額が記入されているし、買い物の内容もこまかく載っている。さらには借金の金額や借りた先までわかるから、武士の暮らしぶりが、いま隣で暮らしているかのように復元できる。実はこのことは重要である。近世武士の「ふところ具合」については、それほど学術的研究が進んでいるわけではない。にもかかわらず、武士の貧乏イメージは世間一般に定着している。例えば、「武士は喰わねど高楊枝」という俚諺《りげん》がある。

家計簿は天保十三（一八四二）年七月から明治十二（一八七九）年五月まで三十七年二ヶ月間も書き続けられており、欠けているのは弘化二（一八四五）年三月十一日から翌年五月十五日までの一年二ヶ月分だけで、ほとんど完全な保存状態で残っている。私は約十年間かけて日本全国の武家文書をたずね歩いたが、これほどの武士家計簿には一度として出会わなかった。これまで目にした武士の家計簿は断片的なメモ程度のものであり、数年分しか残っていない不完全なものが多かった。神田の古書店で猪山家文書を見つけたとき、私が思わず興奮したのは、そのためであった。

なにしろ、饅頭一つ買っても記録した帳面が三十六年分も残っているのである。明治維新という激動の時代をはさんで、武士（士族）の生活がどのように変わっていったのかを知るのに、これほど良い史料はない。

「会計のプロ」猪山家

猪山家の家計簿は、なぜこれほど詳細なのだろうか？　異常でさえある。実は、ほどなくして、その秘密がわかった。

加賀藩士のことを調べるには、金沢市立玉川図書館に行くとよい。ここには旧加賀藩士の家ごとの履歴書類が保管されている。「先祖由緒并一類附帳」という膨大な史料群で、自分のルーツを調べに訪れる金沢市民も多い。猪山家の履歴書類もある。猪山彦蔵「由緒并一類附　代り人由緒」明治三年九月、猪山左内「由緒并一類附」明治三年九月、という二点の史料である。これを解読していくと、猪山家の家計簿が完成度の高い理由がすぐに判明した。猪山家は加賀藩の「御算用者《ごさんようもの》」であることがわかったのである。

御算用者。いってみれば「加賀百万石の算盤《そろばん》係」である。会計処理の専門家であり、経理のプロであるといってよい。代々、猪山家は会計処理の実務をもって前田家に仕えた。プロがつけた帳簿だから、自宅の私的な家計簿であっても、完成度が高いのは当たり前である。私の疑問は解消した。

ただ、「珍しい武士の家計簿」が猪山家のような「会計のプロ」の家文書から発見された意味を考えずにはいられなくなった。これまでなかなか精密な武士の家計簿がみつからなかったのは、後世の散逸のためばかりではなく、はじめから作成されていなかったためかもしれない。猪山家のように特に優れた会計技術をもっているとか、借金が重なって家計管理が必要とか、特別な事情がない限り、武士は一般に「どんぶり勘定」であった可能性も考えられる。もし、近世武士が家計簿をつけない、家計管理がずさんな「階層文化」を持っていた人々であったとすれば、それはそれで興味深いことである。問題意識は深まるが、ここはとりあえず、猪山家に焦点をあてて、話をすすめることにしよう。

## 加賀藩御算用者の系譜

そもそも、猪山家とは、どのような家なのであろうか。加賀藩の御算用者になる前は、何をしていたのだろうか。猪山家の家計簿（入払帳）は天保十三（一八四二）年からはじまっているが、それまでの猪山家の歴史のあらましにふれておきたい。

明治三年九月に猪山家九代目の左内成之《なりゆき》が記した「由緒并一類附」によると、猪山家の歴史は猪山清左衛門という人物から始まっている。この初代が死んだのが「慶長十（一六〇五）年」というから、御算用者の由緒にしては、よほど古い。藩祖利家の時代から加賀で侍をしていたことになる。

ただ、はじめから前田家の「直参」ではなかった。当初、猪山家は前田家の直臣ではなく「陪臣」であった。つまり家来の家来である。当時、加賀前田家は一二〇万石を領する大藩であったから、上級家臣ともなれば、知行一〇〇〇石以上の高禄の士も珍しくはなかった。猪山家が仕えていたのも、そういう大身の武士であった。菊池右衛門という千石取りの加賀藩士に仕えていたのである。菊池家では「給人」であったというから、知行地（領地）を分け与えられていたようである。しかし、その時分の猪山家の禄高は微々たるものであったと考えられる。千石取りの給人の俸禄など、せいぜい三〇石か五〇石である。初代清左衛門のあとも、猪山家は菊池家に代々仕え、

①猪山清左衛門——②十兵衛——③伝兵衛——④豊祐《とよすけ》——⑤市進《いちのしん》

とつづいている。

菊池家のような千石取りの武士は小さくても領主である。米が一〇〇〇石とれる土地には、普通、五〇〇～一〇〇〇人の領民がいるから、行政というものが必要になる。だから、このぐらいの上級家臣になると、家老のほかに「用人」とよばれる執事をおいて実務をまかせた。猪山家もそのような役目であり、代々菊池家に仕えて家政をつかさどっていたのである。このような陪臣は武士身分とはいいながら、百姓町人とも通婚したし、その暮らしぶりは妻帯や家族形成もおぼつかないほど質素なものであった。事実、三代伝兵衛は一生独身であり、同じ陪臣身分の者から養子豊祐をとってようやく家を継がせている。そのような時代が百年以上つづいた。

猪山家に転機が訪れたのは、五代目の猪山市進のときである。享保十六（一七三一）年に、はじめて前田家の直参に加わったのである。「御算用者」としての採用であった。栄転といってよい。御算用者になるには「筆算」の才が要る。つまり、筆とソロバンに優れていなければならない。猪山家は菊池家の家政を担うなかで、ソロバンをはじき帳簿をつける「およそ武士らしからぬ技術」を磨いており、これが栄転につながったのである。

江戸時代の武士社会は行政組織として一つの弱点をもっていた。というのも、行政に不可欠な「算術」のできる人材がいつも不足しがちであったのである。武士とくに上級武士は、算術を賤しいものと考える傾向があり、算術に熱心ではなかった。熱心でないどころか「学ばないほうがよい」とさえ考えていた。上級武士の子弟には藩校で算術を学ばせないようにしていた藩がかなりある。鳥取藩などは、その例であり、下級武士にだけ算術が教えられた。ソロバン勘定などは「徳」を失わせる小人の技であると考えられていたからである。

加賀藩は数学の盛んな藩であったが、それでも算術の人材は不足していた。近世武士の世界は世襲の世界である。算術は世襲に向かない。個人の出来・不出来が如実にあらわれるからである。親は算術が得意でも、その子が得意とは限らない。したがって、藩の行政機関は、どこもかしこも厳しい身分制と世襲制であったが、ソロバンがかかわる職種だけは例外になっており、御算用者は比較的身分にとらわれない人材登用がなされていた。幕府の勘定方も同様であったことは、笠谷和比古氏（国際日本文化研究センター教授）の指摘するところである。御算用者も世襲ではあったが、家中の内外からたえず人材をリクルートしていたし、算術に優れた者が「養子」のかたちで入ってきていた。そうしなければ役所が機能しないからである。ちょうどソロバン関係職が「身分制の風穴」になっており、猪山家はうまくその風穴に入りこんだといえる。

### 算術からくずれた身分制度

実は「算術から身分制度がくずれる」という現象は、十八世紀における世界史的な流れであった。それまで、ヨーロッパでも日本でも、国家や軍隊をつくる原理は「身分による世襲」であった。ところが、近世社会が成熟するにつれて、この身分制はくずれはじめ、国家や軍隊に新しいシステムが導入されてくる。近代官僚制というものである。官吏や軍人は「生まれによる世襲」ではなく「個人能力による試験選抜」によって任用されるようになる。ただ、いきなり、そうなるわけではない。

最初に、この変化がおきたのは、ヨーロッパ・日本ともに「算術」がかかわる職種であった。十八世紀には、数学が、国家と軍隊を管理統御するための技術として、かつてなく重要な意味をもつようになっており、まずそこから「貴族の世襲」がくずれた。軍隊でいえば、「大砲と地図」がかかわる部署である。フランスでもドイツでも、軍の将校といえば貴族出身と相場がきまっていたが、砲兵将校や工兵、地図作成の幕僚に関しては、そうではなかったという。弾道計算や測量で数学的能力が必要なこれらの部署は身分にかかわらず、平民出身者も登用されたのである。このあたりは『文明の衝突』で有名なS・ハンチントンの著作『軍人と国家』や中村好寿『二十一世紀への軍隊と社会』に詳しい。

余談であるが、ナポレオンが砲兵将校であったことは興味深い。貴族とはいえ、コルシカ島の出身で差別をうける彼が砲兵将校の道をえらんだのは、将来の出世を考えれば当然であった。そして結局、平民出身者の多い砲兵をひきつれて革命側につき、政権をうばってフランスの身分制にとどめを刺し、近代国家への扉をひらいたのである。

日本でも、同じことがいえる。十八世紀後半以降、幕府や藩は、もともと百姓町人であった人々を登用し、彼らの実務手腕に依存して行政をすすめるようになる。百姓や町人の出身者に扶持・苗字帯刀・袴着用などの特権をあたえて、武士の格好をさせ、行政をゆだねる傾向が強まった。武士と百姓町人の中間身分の存在が政治に大きな影響をあたえるようになったのである。

京都大学名誉教授朝尾直弘氏によって提唱されたこの学説を、歴史学界では「身分的中間層論」とよんでいる。江戸時代は士農工商の厳しい身分制社会のように言われるが、文字通りそうであったら、社会はまわっていかない。近世も終わりに近づくにつれ、元来、百姓であったはずの庄屋は幕府や藩の役人のようになっていく。彼らはソロバンも帳簿付けも得意であり実務にたけていた。猪山家のような陪臣身分や上層農民が実務能力を武器にして藩の行政機構に入り込み、間接的ながら、次第に政策決定にまで影響をおよぼすようになるのである。猪山家は、その典型例であったといってよい。さらにいえば、明治国家になってからも、このような実務系の下士が、官僚・軍人として重要な役割を果たすことになるのである。

## 御算用者としての猪山家

御算用者となった猪山家は明治維新まで五代にわたって前田家に仕えた。猪山市進のあとは、

⑤猪山市進——⑥左内綏之《やすゆき》——⑦金蔵信之——⑧弥左衛門直之——⑨左内成之

とつづいた。しかし、俸禄は少ない。市進が与えられたのは「切米四十俵」である。都市の金沢で武士家族が暮らしていくにはギリギリの収入であった。ただ幸運なことに、市進には頭脳明晰な男子が二人も生まれた。この男子は頭脳明晰であったがゆえに二人とも御算用者に採用され、父とともに切米四〇俵を支給されるようになった。結果、猪

山家は三馬力で稼ぐことができ、ようやく暮らしに余裕ができた。

市進は教育熱心で息子たちに「筆算」を仕込んだようである。猪山家では、子供のソロバンの出来・不出来は一家の生活にかかわる大問題であったからである。徒士・小役人などの下級武士は俸禄が少なかったから、一家から一人だけ役所にでていたのでは、なかなかやっていけない。足軽などもそうである。しっかり子供を教育して、一家総出で役所に出仕して俸禄を二人分、三人分稼いでくることが重要であった。

猪山家は長男と二男がともに御算用者になり、家が分かれた。猪山廉平家と猪山左内家である。一つここで留意しておきたいことがある。武士の世界では、一つの家から御城にあがって勤務するのは、原則として当主一人と嫡子だけである。二男以下は勤務の席がなく、他家に養子に行くのでなければ、家で遊んでいるしかない。落語や講談で「旗本の三男坊」がブラブラしているのは、そのためである。しかし、これはあくまで「士分」とよばれる上士以上に適用される基本原則であって、下士以下には必ずしもあてはまらない。

下級武士の小役人の出仕は機会・能力次第であり、一家から二人三人と役所に出ている例が少なくなかった。上級武士は「家」として主君に仕えるものであったが、御算用者などは個人の能力で仕事をするものであった。だから、猪山家のように、最盛期には一家から三人が役所に出仕するような場合もあった。明和八（一七七一）年頃の猪山家では、当主市進、嫡子、二男左内の三人が、それぞれ俸禄をもらってきていたのである。

### 六代　猪山左内綏之

このうち「武士の家計簿」を残した家は猪山左内家であった。猪山左内綏之は猪山市進の二男であり、父や兄と同じく御算用者になった。猪山家の六代目である。母は「由緒御座なく」と書かれているから、武士の娘ではなかったようである。猪山家がまだ御算用者になるかならないかの時期であり、この世代までは百姓や町人の娘とも縁組をしていた。

若い時分、綏之のキャリアは恵まれていた。明和七（一七七〇）年に御算用場の「お雇《やと》い」として見習いをはじめたが、はやくも翌年には御算用者に正式採用された。父と同じ「切米四十俵」を給与されている。そして、天明二（一七八二）年には、こともあろうに、隠居した前藩主前田重教の「御次執筆《おつぎしっぴつ》」に抜擢されている。御隠居様の居室に隣接した「御次の間」に控えて御用を聞き帳簿をつける役目である。つまりは書記官であり、息づかいが聞こえるほど前藩主に近いところで勤務する。武士の世界では、藩主に近ければ近い職ほど羨望されたから、この役目は花形であった。御算用者にとって、御次執筆に選ばれることは栄誉であり、激務ではあるが、出世の近道であった。なにより、つつがなく務めれば俸禄を加増された。

加賀藩では財政担当の部署を「御算用場」といった。巨大な事務組織である。猪山家のような御算用者が約百五十名も所属していた。百万石の大藩で生じる事務量は膨大であり、経理係だけでもこの程度の人数は必要であった。このなかから優秀な者が派遣されて、藩主・家老・姫様の「執筆」をつとめる仕組みになっていた。綏之は若くしてこの御次執筆になったのである。

妻も娶った。やはり御算用者の娘であるが、父や弟が偉い。父の和田半左衛門は御算用者の小頭である。そのうえ弟は和田耕三。当時、加賀藩では屈指の数学者であった。教育史の蔵原清人氏によれば、関孝和の関流算学を金沢に最初につたえ、藩内に教授したのは彼であったという。ただ、その和田も石黒信由の算力にはかなわなかった。しかし、それはやむを得ない。当時、加賀の和算は驚異的な水準に到達しており、その頂上にいる石黒信由の数学はヨーロッパの近代数学からみても優れたもので、三角関数のサイン・コサイン・タンジェントの数表をつくり、さらに公式の解明をすすめていた。また、測量術の分野でも、伊能忠敬の技術を採って改良し、その上を行く段階にあった。和田は石黒ほどではないにせよ、当時としては最高の数学にふれていたのである。

加賀前田家は「算術」を非常に大切にした家である。藩風といってよい。実は、日本最古のソロバンも、前田家の蔵に残っている。前田家は利家・利長の時代から算勘にたけた家風であり、加賀の和算といえば有名であった。江戸時代の金沢は、まぎれもなく数学研究の一大拠点といえた。余談だが、明治以後になっても「加賀の数学好き」は意外な余慶をもたらしている。近代は海軍力の時代であり、海軍は数学のかたまりである。明治維新後、日本が海軍を建設したとき、海軍の中心をなしたのは、薩摩と旧幕府そして佐賀であったが、のちには加賀もこれに割り込んだ。百万石だけに軍艦をやや多く保有していたせいもあるが、加賀藩の数学教育には定評があり、海軍にとって都合のよい人材が思いのほか育っていたのである。

さらに加賀藩のおもしろい点は、猪山家のような御算用者を縦横に活用して政治を行った点である。まず、御算用者をつかって徹底的に百万石の領地を測量した。普通の藩ならば一度や二度でやめてしまう手間のかかる測量を念入りに行っている。それだけでなく、算術に長けた御算用者をあつめた御算用場に、財政ばかりでなく国内の民政をも差配させていた。普通は、まず郡奉行（民政機構）があって、そこに会計部門が作られる。ところが、加賀藩では、まず巨大な会計機構（御算用場）があって、そのなかに郡奉行（民政部門）が作られていた。普通の藩では、政治が会計を行うが、加賀藩では、会計が政治を行っていたのである。

また、政治のやり方という点では、藩主・重役の書記官にも御算用者がつかわされた。普通の藩では文系の「祐筆」がする仕事に理系の技術者が加わっていたのである。藩主や上席の家老は世襲であり、必ずしも有能な人物ばかりとは限らない。俗にいう「馬鹿殿様」もいるし、細かい計算はできない者が多い。それでも加賀百万石の政治が可能であったのは、有能な実務担当者が選任され、筆とソロバンを代行していたからである。百五十名の御算用者から選びぬかれた人材は、藩主・家老・姫様のもとで、この任務をよく果たした。普通の藩でも、祐筆には身分は低くても有能な者が選ばれた。ただ、加賀藩のように数学者から選ぶわけではない。江戸時代は世襲身分制であるにもかかわらず、かなり細かい行政がおこなわれたが、その秘密は「次の間に控える書記たち」の存在にあったといっても過言ではない。猪山家六代目の綏之も、このような実務書記官の一人であった。

綏之は前藩主前田重教の御次執筆となり、御算用者としてのキャリアを順調に滑り出した。しかし、四年後には重教が逝去し、この花形の職務は打ち切りになった。その後は、改作所定役や御下行所定役をつとめている。租税や藩士への給与をソロバンで計算する役目であって、顕職とはいえない。この地味な仕事を続けた結果、文化五（一八〇八）年閏六月には「数十年、実体相勤候旨にて拾俵御加増」となり、猪山家の俸禄は四〇俵から五〇俵に増えた。そして、文政元（一八一八）年十二月には「極老に及び候に付」と退職を願い、「白銀三枚」を拝領して隠居している。白銀三枚は今でいう退職金であろう。銀一二九匁にあたり、米が二石ほど買える額である。同十二（一八二九）年に病死しているが、その年齢はわからない。

## 七代　猪山金蔵信之

綏之には娘はいたが、男子はなかったので婿養子を取っている。これが七代目の金蔵信之である。江戸時代は、武家にかぎらず養子のさかんな社会であった。しかも、婿養子が多い。婿養子はすこぶる日本的な制度である。中国や朝鮮には婿養子は少ない。

「祖霊は男系子孫の供物しかうけつけない」とする厳密な儒教社会からみれば、日本の婿養子制度はおよそ考えられない「乱倫」の風習である。社会学者の坪内玲子氏によれば、加賀藩士の場合、実子が家を継ぐ割合は五七・六％にすぎず、弟・甥などが家を継ぐ場合が七％、養子・婿養子が継ぐ場合が三五％であったという。十八世紀後半のデータである。つまり、加賀藩士は、三人に一人以上が「御養子さん」であった。

信之は安永四（一七七五）年の生まれである。「篠原故監物家来給人、藤井故平丞四男」とあるから陪臣の倅であった。陪臣は差別をうけるものであり、いつも直参からはさげすまれた。武士の養子取組には藩庁の許可が要ったが、直参が陪臣から養子を取ろうとすると、藩の重役や横目（監察官）の審査の目がとたんに厳しくなるのは、どこの藩でも同じであった。ただ、それは上士の場合であって、猪山家のような御算用者の小役人には、あまり関係のない話であり、この養子取組には何の問題もなかった。

というのも、信之の実父は陪臣ではあったが、禄高は八〇石。堂々たる武家であった。そのうえ、実兄はすでに前田家直参の御算用者に召し抱えられていた。それで、信之も兄と同じ御算用者の猪山家に養子に入ることになったのである。寛政三（一七九一）年のことであり、このとき信之は十六歳であった。婿に入って四年目から御雇として御算用場に入り、二年後の寛政九（一七九七）年には御算用者に正式採用されて「切米四十俵」を支給されている。当時、養父の綏之はまだ現役であったから、猪山家の収入は四〇俵×二人＝八〇俵になった。文化元（一八〇四）年には、御預所定役となっている。そして、かなり長い間、幕府からの預地を支配するその役所で、ひっそりとソロバンをはじいていた。

信之の人生が変わったのは、文政四（一八二一）年九月、四十六歳のときである。一躍、会所棟取役・買手役兼帯となり、藩用の物品購入を引き受けることになったのである。いわば「加賀百万石の買物係」になった。俄然、忙しくなる。江戸に詰めることになり出費がかさんだ。江戸詰は金がかかる。猪山家のような下級武士にとって、役目についいて江戸詰を命じられるのは名誉でもあり出世の糸口にもなったが、一つ間違えば破産してしまいかねない危険をはらんでいた。事実、こののち猪山家は「出世と俸禄加増」を手にするにもかかわらず、大きな借金をつくっていくことになるのである。

藩士にとって江戸詰は大きな負担であるから、藩庁のほうでも考えており、江戸詰にはしばしば俸禄を加増した。信之も江戸に出た翌年には早くも「江戸表において会所御用等、入情相勤候旨にて、拾俵御加増」となっている。これで信之の俸禄は切米五〇俵となった。その翌年、金沢に戻っている。三年間は御郡方代官の簞笥《たんす》番《ばん》という閑職にいた。ところが、これは嵐の前の静けさであった。文政十（一八二七）年三月、再び、江戸出府を命じられ、途方もない役目を仰せつかったのである。

### 赤門を建てて領地を賜る

信之が命じられたのは「御住居向買手方御用ならびに御婚礼方御用主付」という長い名前の役目であった。

東京大学に「赤門」がある。赤門というのは俗称であり、正式には「御守殿門」という。朱で真っ赤に塗られた立派な大名屋敷の門であり、東大のなかでも、ここだけが江戸時代のままである。東大本郷キャンパスは旧加賀藩前田家の上屋敷であって、赤門がその遺構であることはつとに知られているが、なぜ、この赤門は赤いのであろうか。それは藩主の婚礼に際して建てられたお祝いの門だからである。藩主前田斉泰が将軍家斉の娘溶姫を妻に迎えるときにつくられた。将軍の姫君との婚礼は一大事業である。華麗な御殿を新しくつくり、調度品を調達しなければならないし、諸方との祝儀の贈答もあった。赤門などは、その一こまにすぎない。

信之が仰せつかった役目というのは、本郷に赤門を出現させたこの世紀の婚礼の準備係であった。婚儀にかかわる物品購入を一手に引きうける仕事である。猪山家は、これについて詳しい史料を残していないが、大変な勤務であったことは想像に難くない。

猪山家の古文書をまさぐっていると、このころ信之が書いたメモがでてきた。上司の指示を書き写したものらしい。読んでみると、加賀藩は財政が破綻しているのに、将軍家と縁組せざるをえなくなり、結婚費用をどうしようかと困り入っていた様子がよくわかる。解読すると、こんなメモであった。内容が難しいので現代語に訳す。

前田家の財政逼迫はいつも通りだが、近年、思いがけない出費が莫大なうえ、一昨年は領国が凶作で年貢があまり取れなかった。そのため大坂へ年貢米を廻送して売却する余裕がなくなり、藩の資金繰りが非常に危険な状態になった。そこで、領民に御用銀を上納させ、家中の俸禄を少し削減して、一旦は凌ぐことができた。しかし、また次第に資金繰りが「危急」になっている。そこへきて、さらに莫大な出費が迫っている。内輪向きのことは何が欠落してもよいから、とにかく今度の御大礼（将軍家との婚儀）だけは首尾よく整えなければならない。皆は、もちろん心得ておられるだろうが、さらに油断なく検査されたい。気のついたことがあれば絶えず提案されたい。内々に、お願いする。

という意味になる。将軍家との婚儀は、いかなる犠牲をはらっても成功させなければならなかった。費用の捻出をせまられて、加賀藩経済官僚「御算用場」が右往左往する様子が目にみえるようなメモである。こういうものがポロリと出てくるから古文書は面白い。

「内輪向きの費用は削れ」という指示は徹底されたらしい。そういえば、東大の赤門も朱が塗ってあるのは外側だけで、内側には塗料を節約して白木のところがある。前田家は無理に無理を重ねて見栄をはっていた。もっとも建築史が専門の妻木宣嗣氏（大阪工業大学）の御教示によれば、門の裏側を塗らないのは寺院建築などでもみられるという。

しかし、努力の甲斐あって、信之の働きは認められたようであり、婚礼が一段落すると褒美の沙汰があった。「小判七両」という大金を拝領している。このときの「金子拝領之御目録」は現物がでてきた。猪山家文書の段ボールのなかからである。A3判ぐらいの極上の和紙に、握りこぶしほどもある大きな字で「小判七両　猪山金蔵　以上」と三行に書いてある。信之にしてみれば年収の半分に近い金額である。さしずめ臨時のボーナスといったところであろう。婚礼御用における信之の働きはよほど目覚しいものであったらしく、十月には「数年役儀入情相勤候旨にて新知七拾石」という沙汰が下った。この辞令はこれまでの加増や褒美とは訳が違う。領地を分け与えるという沙汰であり、滅多にあることではない。

武士には二つの種類がある。一つは、主君から領地（知行地）を分与された「知行取」。これは給人とも呼ばれる。もう一つは、領地を分け与えられず、米俵や金銀で俸禄を支給される「無足《むそく》」である。むろん領地を分与された知行取のほうが格式が高く、米俵や金銀で俸禄を支給される「無足」は格下とされる。加賀藩では、米俵での支給米を「下行」と称するが、『加越能近世史研究必携』の近世文書用語解説などには、「知行より一段下る意」からこう呼ぶのだ、と書いてある。下行の語源は必ずしも知行取の下というものではないが、「下行」をもらう下級武士たちは誰しも「いつかは知行に」と憧れていたのである。新しく知行取に取り立てられることを「新知」というが、婚礼を無事に成し遂げた功によって、猪山家は新知七〇石となった。つまり、領地をもった知行取に加わったのである。

## 江戸時代の武士にとって領地とは

もっとも、この時代、知行地を与えられたといっても実体はない。猪山家が高七〇石の知行地を与えられたといっても、その土地に住むわけでもなければ、見学にいくわけでもない。

ここが江戸時代の面白いところであるが、武士は知行の保有にこだわりながら、自分の知行地を一度も見ることなく死ぬ場合が珍しくなかった。例外はあるにせよ、江戸時代は「兵農分離」が基本である。武士は城下に屋敷を拝領し、そこに常駐することが義務づけられ、許可なく農村に立ち入るわけにはいかなかった。大袈裟にいえば、近世中後期の武士は城下町のなかに監禁された状態であり、散歩や遠乗りで少し域外に出ただけでも、目付が厳しく咎める美作津山藩のような藩もあった。湯治や遊学などプライベートな空間移動には、かならず藩庁の許しを必要としたのである。

したがって、猪山家のような微禄藩士は、生々しい現実の「土地と人民」を与えられているという感覚を持ちにくい。武家社会では、知行が与えられると、藩主の花押（署名）が据えられた立派な証書「知行宛行状（判物）」が発行される。知行地の石高が記された、一応、その所在地が書かれているが、江戸時代の武士は現実の領地に触れることはなく、この紙切れでしか自分が領主であると認識できない。近世武士にとって領地とは、結局、紙のうえの数字と文字のようなところがある。

一つエピソードを述べたい。筆者は、旧士族の方々に接して感じていることがある。古文書調査の折などに雑談を交わすと、戦前生まれの旧士族の御当主は、自分の家が何石取であったかについてご存知であることが多い。

「五〇〇石の知行であったと亡母から聞いております」というように、知行高については、しばしば正しい答えが戻ってくる。しかし、その次に、こう聞いてみると、まず答えはかえってこない。

「そうですか。その五〇〇石の御領地は、どこでしょうか。どの村になるのでしょうか」

これに正確に答えられた御子孫を、これまで一人として知らない。後日、調査したうえで教えて差し上げると、

「はあ。うちの領地はそこにあったのですか。いや全く存じませんでした。今度行ってみたくなりました」

と感心されてしまうのである。

この反応は近世日本の「封建制」や「武士の知行地」の本質を反映しているように思う。つまり、江戸時代の武士にとって、領地とは、まず「石高」の数字であって、リアルな「土地」を必ずしも意味するものではない、ということである。なぜ、武士は自分の領地をリアルな「土地」として認識しにくいのか。それは簡単である。武士は、その多くが自分の領地にまったく触れなくても、自動的に年貢が手元に入ってくるシステムのなかで生きていたからである。どこに領地があろうとあまり関係なく、石高に応じた年貢米が藩庫から運ばれてくる制度が存在した。学術用語で「蔵米知行」「蔵米地方《じかた》知行」などと呼ばれる制度であるが、これが大きく関係していた。

## なぜ明治維新は武士の領主権を廃止できたか

本来、武士が領地を支配するには、次のようなことをしなければならない。まず直接、現地に行って農作を励ます（①勧農）。もし領地で事件・訴訟がおきれば処断・裁決する（②裁判）。そして、秋になれば、田畑の様子を観察して、いくら年貢を取るか、つまり租率を決定する（③租率決定）。そして、現実に年貢を取る（④年貢収納）。勧農・

裁判・租率決定・年貢収納という四つの行為を通じて、たえず土地と人民にかかわるのが、本来の武士の領地支配である。これを学術的には「地方知行制」という。

しかし、現実には、こんな手間のかかることはやっていられない。藩士が知行地から年貢米と夫役（強制労働）を「好き勝手に収奪してもよいシステム」では、とんでもないことがおきる。藩士のなかには、百姓の迷惑も考えず、知行地から異常に高い年貢を取ったり、強制労働でこき使ったりする者もいるからである。事実、知行地の百姓が逃亡して、誰もいなくなる事態がおきた。「知行亡所」という事態である。近世初頭の農村では、いつも百姓が逃げ回っていたのである。このあたりの事情に興味のある方は、宮崎克則氏の『逃げる百姓、追う大名』（中公新書）を是非読んでいただきたい。

戦国時代ならば、こういう乱暴な支配システムでもよいが、世の中が平和になって、零細農民が精密な農業をする江戸時代になると時代にあわない。大抵の藩では、①〜③の勧農・裁判・租率決定といった面倒な行政を、藩士にはやらせなくなった。藩の官僚機構が肩代わりするようになった。藩士としては楽である。領民の裁判などしなくてもよく、藩の官僚が④年貢収納さえ代行してくれるようになった。このすごい行政能力をもった官僚機構こそ、加賀藩の場合、何を隠そう「御算用場」であった。これから書こうとしていることだが、江戸時代の藩官僚の行政能力は、見事なまでに、明治国家に移植されていくのである。

「蔵米知行」の制度が確立すると、領主はまったく領民の顔をみることなく、年貢を取ることができる。猪山家にしてみても、そうである。知行石高に相応した年貢米を、藩庫にもらいにいくだけでよい。知行地の場所など、どうでもよいのである。だから子孫にも領地の記憶はない。石高・知行高の思い出だけが残るのである。これが日本の「封建制」の実態であった。領主と土地のつながりが極限まで弱められた領主制とまではいわないが、近世日本の領主制はヨーロッパなどの感覚でいえば、とても封建制といえるものではなかった。

「日本近世は封建制にあらず」。これは経済史の速水融氏などが古くから指摘している学説である。もっとも九州の「西南辺境地域」や東北地方の仙台藩などのように、武士が在郷して領地をしっかり経営していた地域もある。近年、九州大学の高野信治氏や宮城学院女子大学のジョン・モリス氏によって、この地域の姿が明らかにされつつある。しかし、日本列島の大部分は、「領主が領地に足を踏み入れない領主制」の地域であった。明治維新がおきると、武士階級があれほど簡単に経済的特権を失った秘密は、実はここに隠されているように思う。現実の土地から切り離された領主権は弱いものであり、トップダウンの命令一つで比較的容易に解体されたのである。しかし、武士の領主権が現実の土地と結びついていた鹿児島藩などでは、そうはいかない。西南戦争など激烈な「士族反乱」を経験しなければならなかった。

やや余談がすぎた。猪山家の話に戻ろう。

## 姫君様のソロバン役

文政十（一八二七）年の大婚礼がおわって、本郷には赤門が建ち、猪山家は「新知七拾石」の知行取となったわけだが、猪山信之はよほどうれしかったらしく、この辞令を何度も写している。古書店から持ち帰った猪山家文書のなかに、その写しがある。封筒（上包）が丁寧につくってあり、「御書立、呼出紙面共」と書かれたもののなかに入っていた。

どのようにして信之は新知を拝領したのだろうか。まず「御自分儀、御用これあり候につき、明くる十五日、四つ時すぎ、御殿へまかりいでらるべく」という呼び出し状がきたらしい。「右刻限遅れずまかりいでらるべく」とあり、わざわざ「遅刻するな」と書いてある。御殿へいくと、申し渡しがあった。信之は平伏して聞いたことであろう。

一、新知七拾石　猪山金蔵。

金蔵儀、数年かれこれ役儀に情を入れ、あい勤め候に付き、かくの如く新知これをくだされ、「溶姫君様御住居付御勘定役」仰せ付けらる。只今迄、下し置かれ候切米は、これをさし除かる。

ようするに、これまでよく勤務したので新知七〇石に取り立てる。そのかわり、これからも溶姫のソロバン役をつとめてほしい。ただし、これまでの切米五〇俵は取り上げる。という意味である。江戸城大奥から将軍の姫君を嫁に迎えて、ソロバン勘定が大変になる。加賀前田家は猪山家を知行取に取り立てて、この仕事をまかせることにしたのである。

国家というものは、その時代ごとに「最も金を喰う部門」をもっている。江戸時代でいえば大奥。近代になると海軍である。これらは維持するのに、とにかく金がかかり、国家予算が湯水のごとく流れ出る。猪山家のおもしろさは、その卓越した経理の才能を買われて、江戸時代には大奥からきた姫君のソロバン役をまかせられ、近代になると、今度は海軍に配属されて、やはりソロバン役を務めることである。猪山家が新政府の大村益次郎の目にとまって兵部省にはいり、主計のトップとして海軍の経理を一手に引き受けた。それについては本書の後半で紹介したい。

こうして猪山信之は「姫君様のソロバン役」となった。姫君様やお付きから「あがのうて参れ」といわれれば、たちまちソロバンをはじいて、櫛《くし》やら簪《かんざし》やら蒔絵《まきえ》の硯箱《すずりばこ》やら、絢爛豪華な品々を買い調えることになったのである。こののち幸か不幸か猪山家はこの役目に孫の代までかかわることになる。「姫君様御勘定役」という役職の名前は天保六（一八三五）年に廃止されたが、信之の子、直之の代になっても、猪山家は前田家の「御婚礼御用」をつとめているし、孫の成之も幕末期に姫君様の御用を務めている。

信之の次の八代目は直之である。直之は四男であるが、末子の彼が御算用者猪山家を継いでいる。兄が三人いたが、一人は早世したらしい。兄一人は御算用者増田家の養子となり、もう一人は輪島御馬廻の吉崎家の養子になっていた。御算用者は専門技術で仕える「家芸人」であり、いわば御典医や御儒者・伊賀者（忍者）のたぐいである。このような家芸人では相続原則がゆるやかであって、必ずしも長子相続が絶対ではない。家芸に優れた末子が家を継ぐ例はめずらしくなかった。実子がいても、養子に継がせることさえあった。

実際、直之は四男であったが御算用者として異常なほど出来がよかった。天保元（一八三〇）年閏三月に御算用場の見習いになるや頭角を現し、わずか七ヶ月で「御算用者に召し抱えられ、切米四拾俵」の一人前になった。十八歳のときである。そのうえ、天保九（一八三八）年には、二十六歳の若さで「中納言様（藩主）御次執筆役」に抜擢された。

これは大変なことである。というのも、この職は現職藩主の書記官である。猪山家の歴代当主が誰も就任できなかった名誉の職である。つねに藩主前田斉泰の隣室に詰め、お言葉を書き留めて伝令する。あるいは帳面をつける。最も藩主に近い職の一つであり、機密書類の作成にもかかわる。「中納言様の御次」といえば、道ですれちがっても一目おかれるような要職であった。しかし、身分と俸禄は低い。目のまえに座っている斉泰公は百万石、直之は四〇俵である。

# 第二章　猪山家の経済状態

## 江戸時代の武士の給禄制度

天保期までの猪山家の歴史をみてきた。それは貧しい陪臣がソロバン一挺で身をおこし、ついには士分に列するまでの物語であった。前田斉泰と溶姫の婚礼に際して、手際よく財務を処理し、その功績で知行七〇石をあたえられたのである。

しかし、それで生活がゆたかになったかというと、そうではない。猪山家は藩内随一の財務家であるにもかかわらず、また、俸禄を加増されたにもかかわらず、かえって多額の借財を抱え、家計の首がまわらなくなっていったのである。なぜであろうか。長期にわたって、江戸詰の役目を申し付けられたことが原因である。「姫君様御勘定役」という如何にも交際の頻繁な出費の多い役目についたからである。切米五〇俵を知行七〇石にしてもらっても、年収は伸びない。それどころか、切米五〇俵のときには玄米二五石（米一石＝一五〇kg）だった年収が、知行七〇石になると玄米二二・五石になり、かえって減ってしまったのである。

江戸時代の武士の給禄制度には「欠陥」があった。一番の問題は、現在の職務内容とは、あまり関係のないところで、禄高がきまっていることであった。武士の家禄は「家柄がよい」とか「昔、先祖がこんな勲功をたてた」ということで支給されていた。二百年以上も昔の合戦で先祖が手柄をたてたとか、そういうことで給料の額がきまっていたのである。現状は給料にあまり影響しない。今、忙しく仕事をしていても、経費がかかる職務についていても、お構いなしである。「役料」「役高」という制度があって、一応、このところはフォローされている面もあるが、全体としてみると、とても現在の役職に応じた給与支払いがなされているとはいえない。幼児でも国家老の家柄ならば、数万石の家禄を与えられるのである。

事実、数々の悲劇を生みだしていた。微禄の藩士が江戸詰を命じられれば、国元との二重生活で家計は悲惨の極みになる。もし病人でも出れば、たちまち借金の山である。そんなことは日常茶飯事であった。江戸詰には、もっと手厚く調整手当が渡されて然るべきであったが、そうはなっていなかった。家族人数に応じて扶養手当を支給する制度もない。武士の世界で禄高を決定する主役は、「由緒」であって「現職」は脇役にすぎなかった。現在でなく過去が給与をきめていたのである。

それで猪山家は大変なことになった。江戸詰は長引くが、俸禄は少ない。仕事の内容に比して、知行七〇石ではとても引き足りない。姫様の台所勘定をしているうちに、猪山家の台所勘定は、とんでもないことになっていた。天保六（一八三五）年に辞令がおりて、金沢に帰れることになったが、後述するように、天保十三年までには借財の山を築いてしまった。

## 猪山家の年収

発見された「家計簿（入払帳）」によって、猪山家の暮らしをみてみよう。家計簿は天保十三年七月八日から始まっているので、一年分まるごとの収入がわかる最初の年は、天保十四年である。この年の収入を調べることにしたい。

猪山家の俸禄は猪山信之が知行七〇石、嫡子の直之が切米四〇俵である。この俸禄でもって、一年間に、どのぐらいの実収入があったのか。猪山家の家計簿をもとに、計算してみた。「猪山家の俸禄と実収入」という表1をみていただきたい。結論からいうと、猪山信之の年収は銀一三二一・三匁であり、直之の年収は銀一七五四・八九匁であった。合計で銀三〇七六・一九匁。これが猪山家の年収であった。丁銀など銀貨にして約三貫目（＝三〇〇〇匁＝一一・二五kg）とみてよい。現在の貨幣価値にすると、どのくらいになるかは、あとで述べる。

表1、猪山家の俸禄と実収入(天保14年)

①猪山信之　知行70石

| 支給金品 | 支給日 | 名目 | 銀換算・匁 | 百分比 |
|---|---|---|---|---|
| 玄米22石 | 6月1日<br>10月2日 | 半納　米10石<br>本勘　米12石 | 675.00<br>612.00 | 41.8% |
| 夫銀<br>34.3匁 | 4月1日<br>8月29日 | 春夫銀　17.15匁<br>秋夫銀　17.15匁 | 17.15<br>17.15 | 1.1% |
| | | 小計 | 1321.30 | 42.9% |

②猪山直之　切米40俵

| 支給金品 | 支給日 | 名目 | 銀換算・匁 | 百分比 |
|---|---|---|---|---|
| 玄米20石 | 4月6日<br>12月1日 | 下行　米13.3333石<br>下行　米 6.6666石 | 786.22<br>444.67 | 40.0% |
| 拝領金8両 | 7月15日<br>12月27日 | 盆拝領　金3両3分<br>暮拝領　金4両1分 | 206.00<br>318.00 | 17.0% |
| | | 小計 | 1754.89 | 57.0% |
| | | 合計 | 3076.19 | 100.0% |

「年収は銀三貫目」といわれても、現代人にはピンとこない。少し説明が要る。

藩士は知行地を与えられると、あがりとして「年貢米」と「夫銀」というのが手に入る。知行七〇石の場合、玄米二二石と銀三四・三匁(玄米〇・五石ほど)が、フトコロに入った。知行七〇石というと、玄米が七〇石収穫できる土地を与えられているという建前であるが、藩士がそこから得られる貢納収入は二二・五石(三二・一%)ほどであったことがわかる。年貢米は年二回にわけて支給される。六月初旬に一〇石、十月初旬に一二石である。しかし、猪山家の家計簿をみると、「中勘」と称して、分割・前倒しで支給をうけている。

もう一つの夫銀は労役を徴収していたころの名残りで、銀で代納されるものである。それほど金額は多くない。しかし、これは年貢米とは違って、春と秋の二回、知行地の百姓が直に猪山家にもってきていたようである。「領主と領民」が面と向き合うのは、このときと正月だけである。領民の代表一人が年三回やってくる。それだけの関係であった。領民は領主の顔をまったく知らないし、領主も代表者数名をのぞいて領民の顔をみたことがない。これが猪山家の「封建制」の姿であった。

私には、こういうところにこそ、事の本質があるように思えてならない。明治になって、武士の領主権は取り上げられた。「世界史的にみれば不思議なほど簡単に取り上げられた」と思えるが、その秘密とも無関係ではないように思われる。

さて、猪山家では嫡子の直之も俸禄を取ってきている。実は、父よりも収入が多い。まず切米四〇俵である。これは米の量にして、どれくらいだろうか。現在、米俵一つは四斗入（〇・四石＝六〇kg）が常識であるが、江戸時代には、必ずしもそうではない。米俵一俵に三斗五升（〇・三五石）の米を詰めるところもあったし、三斗三升しか詰めないところもあった。地域によって、一俵に詰められる米の量は違ったのである。

米をいくら詰めるかを「俵入《たわらいれ》」といった。もし、自分の住む地域の「俵入」を知りたいと思われた方は、大石久敬『地方凡例録《じかたはんれいろく》』という書物があるので、それを参照していただきたい。幕府の制度では一俵＝三斗五升であった。したがって、旗本御家人が俸禄としてもらう米俵には、玄米〇・三五石が詰められていた。だから、切米四〇俵の御家人がいたとすれば、彼の年収は四〇（俵）×玄米〇・三五（石／俵）＝玄米一四石になる。ところが、加賀藩士に支給される米俵には、もっと沢山の米が詰められていた。一俵になんと五斗（〇・五石）も入れて支給していたのである。

猪山直之の切米四〇俵は玄米二〇石の収入になった。つまり、加賀藩士の切米四〇俵は、幕府や普通の藩なら切米六〇俵ぐらいに相当する。このことは注意しておくべきであろう。また、加賀藩は切米の支給方法も独特である。切米は「きりまい」と読む。時期を何回かに区切って米を渡すから、このようにいう。幕府では三季切米といって、春に四分の一、夏に四分の一、冬に四分の二の三回にわけて支給した。しかし、加賀藩は違う。春と暮れの二回支給であり、春に三分の二、暮れに三分の一を渡した。

直之の収入が父の信之よりも多いのは、盆と暮れに「拝領金」という賞与があるためであった。これが、毎年、定期的に入っていた。金八両であるから、大きな金額である。一両＝一・一一石として、玄米に換算すれば、八・八八八石にもなる。このような拝領金がもらえるのは、直之が「中納言様御次執筆役」という要職についているからである。しかし、これも良し悪しであって、要職になると江戸詰なども命じられやすいから、八両ぐらいでは引き足りないのが現実であった。それでも無いよりは、ましである。これをいれると、直之の年収は米で二八・八八八石になる。ちなみに、父信之の年収は二二・五石であったから、両者を合計して、猪山家の年収（米換算）は五一・三八八石になる。米一石は一五〇kgであるから、猪山家の年収は玄米にすると、約七・七tということになる。

## 現在の価値になおすと

猪山家の年収は、丁銀など銀貨にして三貫目（一一・二五kg）であり、玄米にして五一・三八八石（約七・七t）ということがわかった。これは現在の貨幣価値に直すと、どれぐらいになるのだろうか。

ひとつには、銀貨一一・二五kgの純銀含有量を調べ、現在の純銀価格とくらべる方法がある。しかし、江戸時代の銀貨は銅や微量の金を含有し、銀札などの紙幣もあったから、これは難しい。簡単なのは、猪山家の年収＝玄米七・七tの現在価格を調べることである。現在、玄米七・七tは二〇〇〜二五〇万円ぐらいになるだろう。米価からすれば、猪山家の年収は多く見積もっても二五〇万円ほどになる。これだと低所得といわざるをえない。猪山家が現代にタイムスリップしてきて、俸禄米を米屋に売って暮らそうとすれば、たしかに年収二五〇万円の世帯になる。しかし、猪山家の生活内容をみると、召使いを二人も雇い、住み込ませているのである。これはどうみても年収二五〇万円の家庭ではない。

そこで視点をかえてみる。我々が江戸時代の金沢城下にタイムスリップし、大工見習のアルバイトをしながら生活する場合を考えてみるのである。つまり、人間の賃金から、金一両や銀一匁や銭一文の価値を考えてみるのである。当時、江戸や大坂など大都市で、腕のいい大工を雇えば五〜六匁の日当がかかった。こういう大工をたのめば現代でも高い場合は三万円ちかくかかるだろう。地方都市では、大工見習の日当が銀二〜三匁程度であった。現代なら大工見習の日当は八〇〇〇〜一万二〇〇〇円は払わなければならない。ということは、銀一匁＝四〇〇〇円になる。天保十四年七月の金沢では金一両＝銀七五匁であったから一両＝三〇万円になる。

大雑把であるが、この計算は的外れではない。日本銀行金融研究所貨幣博物館のホームページでも、同様の試算をしており、一両＝三〇万〜四〇万円との結果を出している。

**表2、江戸時代の貨幣と価値**

| 換算単位 | 米(石) | 金(両) | 銀(匁) | 銭(文) | 現代感覚[*1] | 現在価値[*2] |
|---|---|---|---|---|---|---|
| 米　1石= | 1 | 0.9 | 67.5 | 5670 | 27万円 | 5万円 |
| 金　1両= | 1.1111 | 1 | 75 | 6300 | 30万円 | 5万5555円 |
| 銀　1匁= | 0.0148 | 0.0133 | 1 | 84 | 4000円 | 666円 |
| 銭　1文= | 0.0002 | 0.0002 | 0.0119 | 1 | 47.6円 | 8.8円 |

典拠：猪山家文書「入払帳」天保14年7月の両替データ
*1現代の賃金から換算　*2現在の米価から換算

仮に金一両＝三〇万円、銀一匁＝四〇〇〇円とすると、猪山家の年収は信之が五三〇万円、直之が七〇〇万円で、合計一二三〇万円ということになる。

本書では、家計簿をあつかうことから、江戸時代の金・銀・銭・米の複雑な換算がでてくる。そこで、読者にわかりやすいように、表2として「江戸時代の貨幣と価値」という早見表を作っておいた。米・金・銀・銭を取り替えるときの兌換比率を載せている。また、冒険的ではあるが、賃金から換算した結果から「現代感覚」で江戸時代の貨幣はいくらになるのかの目安、米価で換算して江戸時代の米や貨幣の現在価値の目安も掲げている。

賃金水準をもとに、江戸時代の貨幣の価値を考え、小判一枚＝金一両＝三〇万円とすると、銀一匁＝四〇〇〇円となり、寛永通宝一枚＝銭一文＝四七・六円となる。つまり、銭形平次の投げる寛永通宝一枚が五〇円玉になる。

一方、米価で江戸時代の貨幣の価値を考え、小判一枚＝金一両

**表3、猪山家の負債一覧（天保13年7月11日）**

| No | 区分 | 債権者 | 借入額 | 年利 | 百分比 |
|---|---|---|---|---|---|
| 1 | 町人 | 新保屋清次郎より | 1000匁 | 不明 | |
| 2 | | 新保屋清次郎より | 500匁 | 15.43% | |
| 3 | | 和泉屋清兵衛より | 1000匁 | 15.60% | |
| 4 | | 桜井屋理兵衛より | 500匁 | 不明 | 47.9% |
| 5 | 役所 | 御借知方より | 300匁 | 17.70% | |
| 6 | | 御借知方より | 100匁 | 0.00% | |
| 7 | | 御役所より | 200匁 | 不明 | 9.6% |
| 8 | 家中（親類） | 竹中権太夫より*1 | 1200匁 | 不明 | |
| 9 | | 藤井治六郎より*2 | 600匁 | 15.60% | |
| 10 | | 吉崎様より*3 | 200匁 | 18.00% | 31.9% |
| 11 | 家中（親類以外） | 近藤辰之助より | 200匁 | 不明 | |
| 12 | | 矢木七郎より | 100匁 | 不明 | |
| 13 | | 飯村幸蔵より | 100匁 | 18.00% | |
| 14 | | 松永万作より | 100匁 | 18.00% | |
| 15 | | 松本茂三郎より | 60匁 | 18.00% | 8.9% |
| 16 | 村方 | 泉より | 100匁 | 18.00% | 1.6% |
| | | 合計 | 銀6260匁 | | 100.0% |

*1猪山信之女婿　*2信之実家か　*3信之実子

＝約五・五万円とすると、銭形平次の投げる寛永通宝一枚は八・八円だから一〇円玉ぐらいになる。便宜上の単純計算であるが、こう考えていただければ話がわかりやすい。

## 借金暮らし

猪山家の年間実収入は、米にして約五〇石、銀にして約三貫目であった。ところが、当時、猪山家は多額の借金を抱えていた。負債総額は年収を大きく上回っていたようである。

表3として「猪山家の負債一覧」を掲げる。天保十三（一八四二）年七月十一日時点で、猪山家の負債総額は銀六二六〇匁に及んでいたことがわかる。年収の約二倍で

ある。しかも、この借金は利子が高い。年利一八%というのが最も多く、年利一五%は低いほうであったから、悪くすると一年に一〇〇〇匁を超える利払いが発生していたと考えられる。利子を払うだけで、年収の約三分の一がもっていかれるのである。まさに猪山家は借金地獄に落ちていたといってよい。

ただ、ここで考えなくてはいけないのは、年収の二倍という猪山家の借金額は、当時の武士として例外的なものかどうか、ということである。

結論からいって、「借金が年収の二倍」という数字は驚くにあたらない。幕末の鳥取藩についてみると、藩士経済の全体像がわかる。私が調査した結果では、鳥取藩士の場合、年収の二倍の借金は、むしろ平均的な姿であった。幕末になると、武士はおしなべて過剰債務を抱え、高い金利で首がまわらなくなっていたのである。猪山家も、そのなかの一家にすぎない。

江戸時代の武士が借金を抱えていたことはよく知られている。大名や旗本は富裕な町人に借金をして権威を失墜させていった、というのが一般的理解である。しかし、「武士は誰から金を借りていたのか」という問題は、もう一度、考え直してみたほうがよさそうである。大名や旗本の借金は金額が大きいから、「大名貸」「札差・蔵宿」などの大商人でなければ貸せなかったかもしれない。しかし、一般の武士の場合は、どうだろうか。普通の武士の金融事情については、まったく不明なのである。例えば、禄高が一〇〇石以下の武士は、誰から、どのようにして資金を調達していたのだろうか。

表3から猪山家の債権者の顔ぶれをみてみると、五種類の人々で構成されていたことがわかる。①町人、②藩役所、③武士（親類）、④武士（家中）、⑤知行所の五つである。

このうち一番多いのは①町人で、負債総額の五割近くを占めていた。しかし、意外にも多いのは、家中の武士からの借り入れである。これが四割にもなる。とくに親類同士の貸し借りは盛んであり、猪山家も親類から多額の借金をしていた。武士の金融は武士身分の内部でこそ活発に展開していたのである。この点は従来あまり指摘されていないが、留意する必要がある。

前近代社会は身分で人が分断されている社会である。身分をこえて金を貸すリスクの非常に大きな社会であった。例えば、町人にとって武士は難しい融資先であった。なぜかといえば担保がとりにくい。知行地からの年貢米に担保を設定したとしても、現実問題として、これを差し押さえるのは容易ではないのである。いくら債権者であるからといって、武士の年貢米を町人が横から取るのは簡単な仕事ではなかった。借金を踏み倒されても、江戸時代の裁判制度は「金公事」を確実に処理するようには出来ていない。幕府や藩は、金融をめぐる訴訟が自分のところに持ち込まれないように、という態度であり、そのように裁判制度をつくっている。藩が「強制執行」をしてくれるわけではないのである。そのため、武士は武士身分の内部で貸借関係を発達させざるをえなくなっていた。同僚や親戚など互いに「家の内情」を知った間柄で金の貸し借りをしたのである。

しかし、その場合も利子は高いものであった。親戚や同僚でも年一八%もの利子をとったのである。無担保高利融資を仲間うち・親戚うちでおこなうのが、一般武士の金融の特徴であった。とくに武士同士の頼母子講《たのもしこう》（無尽講）はさかんであった。猪山家文書には「無尽帳」という帳簿がのこっている。天保十一（一八四〇）年からはじまる頼母子講の帳簿である。十八人の仲間と頼母子をしている。いずれも武士である。加賀藩では、藩法で武士の頼母子講に町人が加わることを禁じていた。講仲間のうち約三分の一は猪山家の親族である。ほかは御算用場の同僚が多い。

このように、武士の親族関係は、すぐさま金融関係に転化されるものであった。武士の世界で、家柄・格式に見合った縁組が志向されるのは、何も身分意識のせいばかりではなかった。縁組をすれば、同時に金融の相手になるわけだから、経済的地位が同じであるほうが、お互いにとって都合がよかったのである。

また、知行取の武士が知行地の百姓から借金をする場合はよくあった。猪山家も知行地の「泉村」から銀一〇〇匁を借りている。知行地の百姓は借金を返してもらえなければ、年貢米の上納を差し止めればよいので、金を貸しやすかったのである。

それにしても、猪山家の借金の金利は高い。江戸時代は借り手の身分によって、金利が大きく違う傾向があった。しかも、一番、高金利にさらされていたのは、猪山家のような藩士たちであった。大名の借入金利が八〜九%のとき、領民同士の借入金利は一〇〜一二%である（斎藤修「徳川後期における利子率と貨幣供給」）。ところが、藩士は借入金利が一五%をこえるのが普通である。なぜ利子がこんなに高いのか。藩士一般は、大名ほど信用がなく、担保がとりにくいことが、その理由として考えられる。専門用語でいえば、江戸時代の武士は金融の「取引費用」が高く、そのため高金利に家計を押しつぶされていたのである。

### 借金整理の開始

あまりに借金が多くなったので、猪山家は一大決意をしたらしい。天保十三（一八四二）年夏のことである。「借金整理」を決意した。猪山家の家計簿が作られ、今日に残されることになったのも、実はこの決意がきっかけであった。猪山家の人々、とくに猪山直之が「二度と借金を背負わないように計画的に家計を管理しよう」と考え、完璧な家計簿をつけはじめたのである。本書のような研究ができるのは、彼の決意のおかげである。猪山家の借金苦には同情するが、後世の研究者にとっては実にありがたい話である。

猪山家は借金整理を決意すると、今でいう家族会議をひらいたようである。議題がすさまじい。家族が「所持品を売り払って借金を返す」というものであった。とにかく、利子の支払いだけで、家計がパンク状態であったから、家族全員がこれに同意している。そして、道具屋がよばれ、売却がはじまった。

実は神田の古書店から運んできた箱のなかから、このときの所持品売却リストがでてきた。「天保十三年八月　勝手向仕法ニ付、着類幷諸道具払物代幷与三八様より御合力銀等覚帳」と表題がついている。全財産を売却したわけではないが、武士家族のなかで個人財産というものが、どのように存在していたのか。これをみれば、おおよそのところがわかる。

| | | | | |
|---|---|---|---|---|
| ●信之 | 食器 | 鉢一つ物重、吸物碗、盃·徳利等盆之20品 | 56.00 | ¥224,000 |
| ●信之 | 茶道具 | 掛物　28幅 | 86.00 | ¥344,000 |
| ●信之 | 茶道具 | 羅紗紙入1つ、敷物1枚 | 49.00 | ¥196,000 |
| ●信之 | 茶道具 | 古膳碗等 | 275.00 | ¥1,100,000 |
| ●信之 | 茶道具 | 茶之湯本品々払代 | 11.00 | ¥44,000 |
| ▲直之 | 衣類 | 小くら袴地　1具 | 27.00 | ¥108,000 |
| ●信之 | 衣類 | 熨斗目　1つ | 35.00 | ¥140,000 |
| ▲直之 | 衣類 | 縮緬羽織　1枚 | 30.00 | ¥120,000 |
| ▲直之 | 衣類 | 同　1反羽織代 | 15.00 | ¥60,000 |
| ▲直之 | 衣類 | 上田嶋袷　1枚 | 45.00 | ¥180,000 |
| ▲直之 | 衣類 | 結城嶋小袖　1枚 | 70.00 | ¥280,000 |
| ▲直之 | 衣類 | 裏付袴　1具 | 30.00 | ¥120,000 |
| ▲直之 | 衣類 | 小倉裏付袴　1具 | 15.00 | ¥60,000 |
| ▲直之 | 衣類 | 縮緬帽子　1つ | 15.00 | ¥60,000 |
| ▲直之 | 衣類 | 胸留　1つ | | |
| ▲直之 | 衣類 | 石帯　1つ | | |
| ▲直之 | 衣類 | 下緒　1筋 | 5.00 | ¥20,000 |
| △妻 | 衣類 | 地黒小袖　1つ | 155.00 | ¥620,000 |
| △妻 | 衣類 | 紅縮緬小袖　1つ | 105.00 | ¥420,000 |
| △妻 | 衣類 | 晒帷子　1つ | 27.00 | ¥108,000 |
| △妻 | 衣類 | 上田単　1つ | 35.00 | ¥140,000 |
| △妻 | 衣類 | 小紋小袖 | 50.00 | ¥200,000 |
| △妻 | 衣類 | 女帯　1筋 | 47.00 | ¥188,000 |
| △妻 | 衣類 | 袷小ちらし　1つ | 60.00 | ¥240,000 |
| △妻 | 衣類 | 晒小ちらし　1つ | 43.00 | ¥172,000 |
| △妻 | 衣類 | 嶋帷子　1つ | 25.00 | ¥100,000 |
| △妻 | 衣類 | 上田嶋ひとへ　1つ | 41.00 | ¥164,000 |
| △妻 | 衣類 | 地黒帷子　1つ | 30.00 | ¥120,000 |
| △妻 | 衣類 | 上田袷小袖　1つ | 60.00 | ¥240,000 |
| ▲直之 | 衣類 | 袷小袖　1つ | 60.00 | ¥240,000 |
| △妻 | 衣類 | 同　上田小袖　1つ | 35.00 | ¥140,000 |
| ▲直之 | 衣類 | 紬糸小袖　1つ | 30.00 | ¥120,000 |
| ○母 | 衣類 | 小袖結城島 | 63.00 | ¥252,000 |
| ○母 | 衣類 | 同　下ノ分 | 37.00 | ¥148,000 |
| ○母 | 衣類 | 黒小袖　1つ | 15.00 | ¥60,000 |
| ○母 | 衣類 | 浴取 | 15.00 | ¥60,000 |
| ○母 | 衣類 | 浴取めんちり | 15.00 | ¥60,000 |
| ○母 | 衣類 | 同　木綿浴取 | 9.00 | ¥36,000 |
| ▲直之 | 衣類 | 男帯地　1筋 | 12.00 | ¥48,000 |
| ○母 | 衣類 | 嶋縮　1反 | 43.00 | ¥172,000 |
| ▲直之 | 衣類 | 白木綿　1反 | 20.00 | ¥80,000 |
| ▲直之 | 衣類 | 道服　1つ | 18.00 | ¥72,000 |
| ▲直之 | 衣類 | 気仙　1つ | 9.00 | ¥36,000 |
| ▲直之 | 衣類 | 八丈島小袖 | 28.00 | ¥112,000 |
| ●信之 | その他 | 質入之品々売払べき出し | 75.00 | ¥300,000 |
| | | 合計 | 2563.92 | ¥10,255,680 |

現代感覚：1匁＝4000円換算

**表4、猪山家の財産売却（天保13年7月17日〜8月10日分）**

| 持主 | 区分 | 売却品目・数量 | 代銀（匁） | 現代感覚 |
|---|---|---|---|---|
| ▲直之 | 書籍 | 四書正解 | 55.00 | ¥220,000 |
| ▲直之 | 書籍 | 頭書玉篇 | 50.00 | ¥200,000 |
| ▲直之 | 書籍 | 詩作指南等　7冊 | 35.00 | ¥140,000 |
| ▲直之 | 書籍 | 聯珠詩格 | | |
| ▲直之 | 書籍 | 唐詩選　3冊 | | |
| ▲直之 | 書籍 | 塵劫記（和算）1冊 | | |
| ▲直之 | 書籍 | 小学　4冊 | | |
| ▲直之 | 書籍 | 職原鈔（故実）2冊 | | |
| ▲直之 | 書籍 | 書画一覧　1冊 | | |
| ▲直之 | 家具 | 机　1脚 | 8.00 | ¥32,000 |
| ●信之 | 家具 | 丸あんどん | 7.00 | ¥28,000 |
| ▲直之 | 家具 | 見台 | 1.00 | ¥4,000 |
| ●信之 | 食器 | 弁当　1つ | 1.00 | ¥4,000 |
| ●信之 | 食器 | マル　2つ | 3.00 | ¥12,000 |
| ●信之 | 茶道具 | 茶棚　1つ | 3.00 | ¥12,000 |
| ▲直之 | 衣類 | 江戸紬　1反 | 35.00 | ¥140,000 |
| ▲直之 | 衣類 | 上田嶋　単1つ | 30.00 | ¥120,000 |
| ▲直之 | 衣類 | くわん砂羽織　1枚 | 8.00 | ¥32,000 |
| ▲直之 | 衣類 | 奥島裏付袴　1具 | 5.00 | ¥20,000 |
| ▲直之 | 衣類 | 木綿合羽　1つ | 13.00 | ¥52,000 |
| ▲直之 | 衣類 | 葛布袴・小くら袴 1具 | 7.00 | ¥28,000 |
| ▲直之 | 食器 | 古紙入等品々 | 3.37 | ¥13,480 |
| ●信之 | 食器 | やくわん（薬缶）1つ | 18.00 | ¥72,000 |
| ●信之 | 食器 | 赤絵徳利　1つ | 7.50 | ¥30,000 |
| ●信之 | 食器 | 弁当　1つ | 1.11 | ¥4,440 |
| ▲直之 | その他 | 小簞笥虫食、かけ候碗、はげ候膳、筆立、手燭留 | 4.38 | ¥17,520 |
| ●信之 | 衣類 | 古紙合羽 | 0.56 | ¥2,240 |
| ▲直之 | 衣類 | 縮紋付帷子　1枚 | 108.00 | ¥432,000 |
| ▲直之 | 衣類 | 同嶋帷子　1枚 | | |
| ▲直之 | 衣類 | 能生木綿　1反 | | |
| ▲直之 | 衣類 | 男無地　1筋 | | |
| ▲直之 | 衣類 | 葛布袴地　1反 | | |
| ▲直之 | 衣類 | 夏袴　1具 | | |
| ▲直之 | 家具 | 小袖簞笥　1つ | 50.00 | ¥200,000 |
| ●信之 | 食器 | 手提弁当　1つ | 30.00 | ¥120,000 |
| ●信之 | 食器 | 薄手茶碗　10 | 24.00 | ¥96,000 |
| ●信之 | 食器 | 蒔絵吸物碗　10 | 26.00 | ¥104,000 |
| ●信之 | 食器 | 大猪口　10 | 20.00 | ¥80,000 |
| ●信之 | 食器 | 蒔絵杯洗絵之分 | 25.00 | ¥100,000 |
| ●信之 | 食器 | 大盆　2枚 | 7.00 | ¥28,000 |
| ●信之 | 食器 | 蒔絵小重　1組 | 16.00 | ¥64,000 |
| ●信之 | 食器 | 小皿赤絵等　30枚 | 20.00 | ¥80,000 |
| ●信之 | 食器 | れんかく・焼串共 | 16.00 | ¥64,000 |

表4は、このリストをまとめたものである。お盆の支払期日が迫るなかで、猪山家は猛烈に家財道具を売り払っている。総額は銀二五六三・九二匁。一匁＝四〇〇〇円とすれば、一〇二五万円にもなる。かなりの金額である。これほど家財があるということは、猪山家の借金は、江戸詰のためばかりではなく、過剰な消費も一因であったのであろう。

売却リストには「▲」「●」「△」「○」の記号がついていて、それぞれ弥左衛門（直之）・父上様（信之）・妻・母上様の所持品をあらわし、誰が何をいくらで売り払ったのかわかるようになっていた。

これを解読して集計してみると次のようになった。

直之44品目　841・75匁　（衣類635　食器3・37　書籍140　家具59　他4・38）

信之24品目　812・17匁　（衣類35・56　茶道具424　食器270・61　家具7　他75）

妻　13品目　713匁　（すべて衣類）

母　7品目　197匁　（すべて衣類）
合計88品目　2563・92匁

武家女性の個人財産の中心は衣類であったようである。もちろんヘソクリとしての現金も持っていたであろう。直之の妻は「町同心・西永与三八娘」であるが、婚家の難局に対して献身的な協力をしている。嫁入り道具の衣装を徹底して売り払っているのである。事実、婚礼衣装と思われる「地黒小袖」「紅縮緬小袖」は高値で売れ、借金返済に大きく貢献している。猪山家の妻女は、美しい加賀友禅を手放すことを決意したのであった。

また、父信之は茶道具をあきらめている。武家屋敷の財産は、衣類を除けば、茶道具（書画を含む）がかなり大きな比重を占めていた。これは注目に値する。茶道具や食器は「家つきの財産」であったようであり、父信之のものになっていた。金沢は加賀蒔絵の町であり、「姫君様付」の職業柄からか、猪山家には蒔絵の器や道具があり、これも金になっている。

直之自身は書籍をあきらめたようである。江戸時代、本はべらぼうに高いものであった。とくに高く売れたのは四書五経の『四書』のセット。五五匁だから現代ならば二二万円ぐらいになる。

猪山家は御算用者の家だから和算の本があった。『塵劫記《じんこうき》』という本である。しかし、これは二束三文に売られている。猪山家は商売道具の和算書まで売らねばならなかったのである。文字通り、すっからかんになった、といってよい。本を読むにも、机は売った。書見台も売った。行燈もない。そもそも本は売ってしまった。この状態である。衣類を売ってしまった猪山家の人々は「着たきりスズメ」になり、家財道具のなくなった家のなかを、涼しい風が吹き抜けるようになった。

## 評価された「不退転の決意」

しかし、ここまで徹底すれば、猪山家の借金返済にかける「不退転の決意」は評価される。まず、直之の妻の実家が動いてくれた。舅の西永与三八は町同心である。娘の嫁入り道具をほとんど売り払われたにもかかわらず、猪山家の借金整理の原資として銀一〇〇〇匁を無償で提供すると申し出たのである。さらに食料として米を一石くれた。

私は、この家の古文書と向き合っていて思うのだが、このとき借財整理をしていなければ、猪山家は破滅していた可能性が高い。会計担当者として多額の公金をあつかい、裏で家計が破綻していたのでは危険きわまりない。江戸大坂の留守居役、賄役や御算用者という職は誘惑の多い役目である。公金に手をだしたり、業者と癒着したり、それでなくても派手な生活がたたって破滅した事例が数限りなくある。だから、このときの直之には感心せざるをえない。

事実、ここから猪山家の家運は好転しはじめたのである。直之は妻の実家から一〇〇〇匁の資金援助をうけると、勤務先から五〇〇匁の借用に成功した。家財道具を売却して得られた約二五六四匁とあわせると、約四〇六四匁になる。借金総額は六二六〇匁であったが、この約四〇六四匁をもって「借財整理」の交渉を開始したのである。小さな借財は、この金で返済していった。

しかし、どうしても二二〇〇匁ぐらいの借金が残ってしまう。そこで、大口融資先を相手に、このように交渉した。

「元金の四割をこの場で返済する。そのかわり残りは無利子十年賦にしてもらいたい」

そして、この交渉は見事に成功したのである。猪山家の「痛み」は債権者に伝わっていた。すでに家財を売り払っており、逆さまにして振っても、何も出てこないことは明らかであった。これが最後の回収チャンスだということはわかりきっていた。そこへきて、元金の四割がこの場で回収でき、無利子だが十年賦で残金も返してくれるという。

このような話になったとき、商人はさとい。桜井屋は元金五〇〇匁の四〇%、新保屋も元金一五〇〇匁の四〇%で手を打ってくれた。また、親類藤井家からの借金六〇〇匁は半分返済して残りは無利子十年賦にしてもらった。姉の嫁ぎ先の竹中権太夫の一二〇〇匁も同じ条件で合意した。これらによって、借金総額は二六〇〇匁に減じ、しかも、そのほとんどが無利子になったのである。猪山家の家計は、利払いの圧迫から解放され、破産の淵からよみがえった。

## 百姓の年貢はどこに消えたか

これほどまでに猪山家が貧しくなったのは何故だろうか。たしかに、江戸詰の負担が重く、金利が高い、勤務に見合った俸禄が支払われない、ということはある。しかし、これだけではない。支出の面にも理由があった。というのも、武士の家計は、財布に入ってくる収入よりも、財布から出ていく支出のほうが、つねに多くなる傾向があった。武士の家計は、好むと好まざるとにかかわらず、「浪費をとめられない構造」を内部に含んでいた。

そもそも、武士は百姓から取り立てた年貢米を何に遣っていたのであろうか。学校の教科書は「五公五民」とか「四公六民」とか、武士が年貢を取っていたことは教えてくれるけれども、その年貢を何に遣っていたのかまでは教えてくれない。結局、百姓の年貢は何に消えたのだろうか。

江戸時代とは、武士が経済総生産の相当部分を取り上げて消費していた社会である。前期においては、おそらく武士が国内総生産の五〇％近くを取り上げて消費していた。後期になって、農業以外の生産が伸びてくると、国内総生産のうち武士が取り上げる部分は二五％ほどに低下したと思われるが、それでも大きな割合であった。西川俊作氏（慶應義塾大学名誉教授）によると、天保期（一八三〇〜四四年）の長州藩では国内総生産に対する年貢の割合は約二五％であるという。つまり、江戸時代は国内総生産の二五〜五〇％が武士の財布に入る世の中であった。だから、武士の財布の中味と使い道がわからなければ、江戸時代の本当の姿は理解できないといってよい。

そこで、猪山家の家計簿をめくって、俸禄の使い道をみることにする。江戸時代の家計簿は「入払帳」といって、その時々の収入（入り）を上段に記載し、下段に支出（払い）を記載する形式のものが多い。ちなみに、猪山家家計簿の天保十四年十二月二十七日部分を例示すると、左のようなものである。

十二月廿七日
一、四両壱分① 弥左衛門（直之）暮拝領金
一両② 銭買上
代六貫四拾文
同日
一、三百目③ 御鎮守御貸渡銀
三百目④ 先達て役所向より借用分返済

原文は江戸時代の古文書である。ミミズが這ったあとのような文字を解読しなければ何を意味しているのか、さっぱり分からない。ただ、歴史研究者にしてみれば、これでも分かりやすいほうである。①直之が暮拝領金（四両一分）を支給され、②すぐさま一両分を銭六貫四〇文（寛永通宝六〇四〇枚）に両替し、③同日に「御鎮守御貸渡銀」と

**表５、猪山家の家計収支（天保14年）**　　単位・銀（匁）

| 収入 | | | 支出 | | |
|---|---|---|---|---|---|
| 実収入 | 3076.19 | 内訳 | 実支出 | 2862.03 | 内訳 |
| | 俸禄収入　3076.19 | | | 消費支出　2418.12 | |
| | （信之・知行納米） | 1287.00 | | （米８石） | 539.20 |
| | （信之・夫銀） | 34.30 | | （家族配分銀） | 408.42 |
| | （直之・下行米） | 1230.89 | | （家来給銀等） | 155.48 |
| | （直之・拝領金） | 524.00 | | （祝儀・交際費） | 284.41 |
| | | | | （儀礼行事入用） | 76.09 |
| | | | | （寺社祭祀費） | 80.46 |
| | | | | （医薬代） | 85.01 |
| | | | | （油・炭・薪代） | 265.28 |
| | | | | （月々小遣） | 255.45 |
| | | | | （つけ払い） | 85.30 |
| | | | | （食品） | 50.41 |
| | | | | （用品） | 105.10 |
| | | | | （修繕費） | 14.94 |
| | | | | （輸送駄賃） | 12.44 |
| | | | | （その他） | 0.14 |
| | 可処分所得2632.28 | | | 非消費支出　443.91 | |
| | | | | （上納金） | 442.12 |
| | | | | （諸引き） | 1.79 |
| | | | 黒字 | 214.16 | |
| 実収入以外の収入 | 1148.93 | | 実支出以外の支出 | 1343.20 | |
| | （借入銀） | 774.00 | | （借入返済銀） | 886.80 |
| | （家財売却代銀） | 340.87 | | （頼母子出銀） | 456.40 |
| | （他所より返却銀） | 34.06 | | | |
| 繰入金 | 130.99 | | 繰越金 | 150.88 | |
| 合計 | 4356.11 | | 合計 | 4356.11 | |

いう基金から銀三〇〇匁を借りて、④先達て役所から借りた三〇〇匁を返済したことを意味している。

　このような江戸時代の入払帳を、現代の総務省統計局の「家計調査」のような形式に直すのは難しい。しかし、表計算ソフト・Ｅｘｃｅｌを駆使して、なんとか作ってみた。猪山家の人々にしてみれば、百六十年たって、自分のつけた家計簿がパソコンで電算処理されるとは、夢にも思っていなかったであろう。

　表５は「猪山家の家計収支」である。借財整理を断行した翌年の天保十四（一八四三）年のものである。

前述のように、俸禄による実収入は銀三〇七六・一九匁であり、このほかに借金などの実収入以外の収入が銀一一四八・九三匁ある。繰入金が銀一三〇・九九匁あったから、この年の財政規模は銀四三五六・一一匁である。猪山家の実収入は銀三〇七六・一九匁であるが、手取り収入（可処分所得）はというと、現在の共済費にあたる上納金が棒引きされるため、銀二六三二・二八になる。猪山家では、この手取り収入のうち二四一八・一二匁（九一・九％）を消費支出に振り向け、残りの二一四・一六匁（八・一％）を黒字としている。つまり、平均消費性向＝消費支出÷可処分所得は九一・九％である。猪山家は大変な苦労をして消費支出をおさえているが、それでも平均消費性向は高いといわざるをえない。浪費を削っても、消費性向が九割をこえていた。ちなみに、現代日本の勤労者世帯の平均消費性向は一九六三年に八三・八％であったものが、徐々に低下して、二〇〇一年には七二・一％になっている。

## 衣服に金がつかえない

一見、猪山家の家計は黒字になっていて、余裕があるようにみえる。しかし、帳簿の中に入ってみると、まったく経済的余裕など微塵もないことがわかる。家計を圧迫していたのは、借金の支払いや頼母子講への出銀など金融的経費であった。これが総支出の約三分の一にもおよんでいる。

猪山家では、このように必死になって借金を返済しているが、一方で、新規借入銀が七七四匁できている。また、資金繰りに困って、とうとう信之の脇差一本を銀一五〇匁で同僚に売り払っているのである。その金で借金を返したり、頼母子講に出銀したりして、まとまった資金を手に入れ、再度の借財整理を狙っている状態であった。

第一、猪山家の家計簿をみると、衣料費がほとんど計上されていない。前年の借金整理で売り払い、着る物がなくなっているにもかかわらず、新しい衣服を買った形跡がないのである。

この年、猪山家の世帯構成は次のようなものであった。祖母・父・母・本人（直之）・妻・娘・家来・下女の合計八人であった。この八人で米八石を「飯米」として消費している。

おばば様［祖母］―父上様［信之六十八歳］―弥左衛門［直之三十二歳］―お熊［娘二歳］
母上様　　　　　　　妻［お駒］　　　　　　家来一人・下女一人

このうち衣類代があるのは、祖母と母だけであった。妻のお駒はよく辛抱している。彼女は婚礼衣装を売却したうえに、姑たちには配分される衣類代（計銀六五匁）が貰えていない。夫の直之も悲惨であった。新しい着物は一つも買っていない。ただ、足袋だけは擦り切れるので、親類の葬式のまえに仕方なく買っている。成長いちじるしい二歳の娘に木綿の着物をそろえるのがやっとであった。このように衣料費は徹底して圧縮されている。

その一方で、まったく圧縮されていない費目がある。祝儀交際費や儀礼行事入用である。

武士と百姓町人の家計簿を比べたとき、最も違いがあらわれるのは交際費である。武士家計では交際費の比率がずば抜けて高い。猪山家の場合、祝儀交際費が消費支出の一一・八％になる。生活必需品以外の支出としては家族配分銀について多い。また、貧乏をしているのに、武家らしい儀礼は親類をあつめて必ず執り行い、食膳にはなけなしの金で買った「鯛」が顔をみせている。これは、どういうことなのだろうか。

家計簿から試算してみると、猪山家の家族六人が最低生活をおくるだけなら銀一〇〇

○匁もあればよいことがわかる。家来や下女は雇わない。家族が食べるだけの米と薪炭・最低限度の日用品を買うのなら、これで足りる。しかし、もう少し健康で文化的な生活を送ろうとすれば、さらに銀五〇〇匁が必要である。銀一〇〇〇匁プラス銀五〇〇匁で、医療を享受したり、教養娯楽に金がつかえる消費生活になるだろう。しかし、実際の猪山家では、さらにおよそ銀八〇〇匁が支出され、二三〇〇匁以上の消費がなされている。

この八〇〇匁の支出は、猪山家の生活の質がよくなるような種類のものではない。猪山家が「武士身分としての格式を保つために支出を強いられる費用」である。召使いを雇う費用。親類や同僚と交際する費用。武家らしい儀礼行事をとりおこなう費用。そして、先祖・神仏を祭る費用。これは制度的・慣習的・文化的強制によって支出を強いられる費用である。

現代人からみれば無駄のように思えるが、この費用を支出しないと、江戸時代の武家社会からは、確実にはじきだされ、生きていけなくなる。つまり、その身分であることにより不可避的に生じる費用であり、私はこれを「身分費用」という概念でとらえている。逆に、その身分にあることにより得られる収入や利益もある。これを「身分利益」

とよびたい。つまり、身分利益＝身分収入マイナス身分費用という構造式を考えることができる。

## 武士の身分費用

実は、武士身分が窮乏化したのは、この「身分費用」が一因になっていた。百姓の年貢米も、この「身分費用」にかなり費やされていたといってよい。

江戸時代のはじめ、十七世紀ごろまでは、武士身分であることの収入（身分収入）のほうが、武士身分であることによって生じる費用（身分費用）よりも、はるかに大きかったといえる。武士の俸禄は多かったし、身分による行動制限は少なく、金融行為の規制などもゆるやかだった。ただ、家来は多く、身分費用のなかの人件費は大きかった。

ところが、幕末になってくると、武士身分の俸禄が減らされて身分収入が半減する。「半知」や「借上」とよばれる俸禄カットが諸藩で行われだした。しかし、武士身分であるために支払わなければならない身分費用はそれほど減らない。十七世紀に拝領した武家屋敷は大きなままで維持費がかかる。また、「家格」というものが次第にうるさくなってきて、家の格式を保つための諸費用を削るわけにはいかなくなった。そのため、江戸時代も終わりになると、武士たちは「武士であることの費用」の重圧に耐えられなくなってきていた。猪山家にしても、そうである。武士身分でなければ、借金を抱えなくて済んだのである。

今日、明治維新によって、武士が身分的特権（身分収入）を失ったことばかりが強調される。しかし、同時に、明治維新は武士を身分的義務（身分費用）から解放する意味をもっていたことを忘れてはならない。幕末段階になると、多くの武士にとっては身分利益よりも身分費用の圧迫のほうが深刻であった。明治維新は、武士の特権を剝奪した。これに抵抗したものもいたが、ほとんどはおとなしく従っている。その秘密には、この「身分費用」の問題がかかわっているように思えてならない。

**表6、祝儀交際費の支出先（天保14年）**

| 支出先 | 回数 | 比 | 費用·匁 | 比 |
|---|---|---|---|---|
| 親類 | 116 | 56.6% | 186.73 | 65.7% |
| 家中 | 55 | 26.8% | 72.54 | 25.5% |
| 町方 | 16 | 7.8% | 13.68 | 4.8% |
| 知行所 | 8 | 3.9% | 6.52 | 2.3% |
| 村方 | 1 | 0.5% | 0.12 | 0.0% |
| 旦那寺 | 1 | 0.5% | 0.12 | 0.0% |
| 不明 | 8 | 3.9% | 4.70 | 1.7% |
| 合計 | 205 | 100.0% | 284.41 | 100.0% |

猪山家の場合、身分費用を数量的に測定してみると、銀八〇〇匁にものぼる。家来給銀と家来の食費、祝儀交際費、儀礼行事入用、寺社祭祀費を合算した数字である。これは消費全体の約三分の一にあたる。なかでも祝儀交際費が多い。ど

のような交際に費用がかかっていたのだろうか。

表6は猪山家の「祝儀交際費の支出先」である。結論からいえば、親戚や同僚など武士身分同士の交際につかわれていた。祝儀交際費の総額は二八四・四一匁であるが、そのうち六五・七%は親戚との付き合い、二五・五%が家中の同僚との交際につかわれていた。以下、町方の四・八%、知行所の二・三%、支出先不明の一・七%を大きく引き離している。猪山家の交際費は親戚との交際に最も多く費やされたことがわかる。

というのも、江戸時代の武家では、親戚同士の付き合いが実に濃厚であった。猪山家の家計簿には「十五文　誰々の家来へ」という祝儀の支払いが目立つ。親戚や同僚が猪山家を訪問するときには、しばしば家来や下女をお供に連れている。また、家来をつかって物品を届けてくることもある。そのようなとき、猪山家は「お引」と称して、訪問してくる他家の家来に祝儀を一五文ほど渡してやらねばならなかった。年間七十五回も、この祝儀銭を払っている。また、親戚・家中を訪問するときには手土産を持っていくし、訪問されたときには、それ相応のもてなしをしたうえに、土産を持って帰らせる。この出費が一年分になると馬鹿にならない。

親戚・家中本人の訪問をうけるか、もしくは家来の訪問をうけ、交際費を支出した回数を数えてみた。すると、親戚の訪問による交際費支出が五十三回（うち家来へ祝儀二十六回）、家中の訪問による交際費支出が三十三回（うち家来へ祝儀三十回）も記録されている。

しかも、親戚・同僚との交際回数は、これだけにはとどまらない。武家屋敷のなかでは、一年を通して、さまざまな儀礼や行事をおこなっており、そのたびに親戚や同僚が金品を贈答しあっていたからである。葬儀・婚礼・出産・病気見舞や昇進・引越など、ものすごい回数の交際があった。

### 親戚づきあいに金がかかるわけ

武士同士の交際には費用がかさんだ。葬儀は十一回も付き合って、五一・五七匁を支出。病気見舞は八回で一七・八五匁を支出している。ただ、婚礼への祝儀は現代ほどかからなかったらしい。四回に一五・四九匁しか支出していない。それよりも大きな出費は「通過儀礼」であった。

武家社会では、男子の通過儀礼が親族関係を確認するにあたって重要であった。この年には、信之の孫二人が「着袴」の儀式をおこなっているが、猪山家は一八〜一九匁もの祝儀を紅白の水引をつけておくったうえ、オス・メス一対の鯛まで用意している。また、跡目・本知といった家督相続の祝儀もあったし、江戸から帰着したといえば、お祝いを贈りあうのが習わしになっていた。

このような頻繁な交際は、なにも猪山家に限ったことではない。江戸時代の武家は、数日おきに親類縁者が訪問して、そのたびに交際費が出ていく状態にあったのである。親戚先で婚礼があれば、きまった相場の祝儀を出さねばならない。交際費は削減が難しく、いわばコントロールできない支出になっていた。結局、武家が儀礼行事をおこない、それに親類縁者が関与する制度・慣習・文化が祝儀交際費を肥大化させていたのである。いくら借金があっても、猪山

**表7、猪山家の儀礼行事入用（天保14年）**

| No | 月・日 | 儀礼行事 | 費用・匁 |
|---|---|---|---|
| 1 | 1・5 | 正月* | 0.69 |
| 2 | 1・28 | 正月（鏡直）* | 5.79 |
| 3 | 3・1 | 雛 | 2.34 |
| 4 | 4・7 | 天神祭 | 0.25 |
| 5 | 5・1 | 節句 | 2.00 |
| 6 | 5・17 | 鎮守祭礼 | 8.82 |
| 7 | 7・1 | 半納（年貢） | 0.86 |
| 8 | 7・3 | すす払 | 1.24 |
| 9 | 7・7 | 七夕 | 0.26 |
| 10 | 7・9 | 盆 | 2.46 |
| 11 | 8・15 | 月見 | 1.17 |
| 12 | 9・9 | 節句 | 1.31 |
| 13 | 9・16 | 鎮守祭礼 | 17.59 |
| 14 | 9・29 | 神送り | 0.86 |
| 15 | 10・26 | 亥の子 | 0.59 |
| 16 | 11・3 | 髪直（ママ） | 3.17 |
| 17 | 12・3 | すす払 | 0.96 |
| 18 | 12・14 | 直之・誕星祝 | 1.02 |
| 19 | 12・15 | 節文 | 0.35 |
| 20 | 12・19 | 直之妻・着帯 | 4.81 |
| 21 | 12・23 | 正月（餅搗）* | 7.71 |
| 22 | 12・14 | 正月* | 11.83 |
| | | 合計 | 76.09 |

註：*正月費用＝26.02匁

家だけが儀礼を廃止するわけにはいかない。親戚や同僚の手前があり、そうはいかないのである。

事実、表7のように、「猪山家の儀礼行事入用」はきちんと支出されている。年間二十二種類もの年中行事を行っており、そのたびに経費をかけているのである。百姓町人にも、この種の年中行事はあった。しかし、武家の場合は、年中行事と儀礼を盛大に行うことが、身分の証しになっており、そうしなければ社会的に不都合が生じるものであった。というのも、武士には日頃から親類関係を濃密に保っておく必要があった。年中行事や儀礼は、そのために都合がよかったのである。

農民がムラや本家・分家の関係のなかで生きていたように、武士も「親族の世界」に生きていた。むしろ農民よりも親族関係は強いといえる。近世武士は個々の独立性の強いイエのように見えるけれども、実際には、「親族」のつながりが強く、それなくしては生きていけないものであった。

しかも、この「親族の世界」は、婚姻や養子を通じて生じる縁戚関係によって形成されることが多い。もちろん、同姓によって形成される本家分家関係もあり、しばしば武士研究はこちらのほうに注目しがちである。しかし、普通の武士の日常生活を眺めてみると、嫁・養子のやりとりで形成される「血の濃い親族」のほうが重要であったことがわかる。何代もまえに分かれた同姓親族などは、形式的な付き合いであり、やはり実の娘・息子とのつながりのほうが密接である。

武士にとって親族関係が重要な理由は幾つもある。第一、親族関係がなければ、資金繰りに不都合が生じる。武士の金融は親類関係に大きく依存していた。イエの内情を知っている親族同士であれば、金融取引のリスクは小さくなる。そのため、前近代の貸借関係は親族間で行われる部分が大きく、江戸時代の武士も親族同士で頼母子講を組んでいた。猪山家も親戚の主宰する頼母子講に多額の掛け金を出している。

また、武家社会で生きていくうえでの情報や教育の面でも、親族は重要であった。武士の親族関係は格式禄高の似通った「傍輩」のあいだで形成されている場合が多い。猪山家は御算用者であるから、親戚をあつめると、その顔ぶれは御算用者だらけである。江戸時代は平均寿命が短い。しばしば当主が早死にして、幼い遺児が家督を継ぐ。そんなとき、武士の世界で生きていけるように男の作法・役所のしきたりを伝授するのは、伯父（叔父）などの親類たちであった。成人でも親族の助言や後見は重要な意味をもった。

なにより、武家社会には「連座制」が存在したから、親族は運命共同体にならざるをえなかった。武士は日頃から農民よりも連座制の影響を厳しくうけていた。婚姻・養子で形成される武士の親族関係は「一類附帳」によって、藩庁に公式に届け出られ、少なくともイトコまでの範囲はきっちりと把握されていた。親族の一人が少しでも「不始末」をすると、親族全体に累がおよび、「差し控え（謹慎）」などの処分が下るのである。親類の一挙一動が自分の運命を左右するため、親族同士が互いの様子を知っておくことは重要であった。頻繁な往来や年中行事を通じて、武士は親類とのコミュニケーションを欠かさなかったのである。

さらに、親族関係は、武士のイエの運命をきめるものでもあった。もし、男子が生まれなかった場合、親族と相談して、養子を取らなければならない。イエに何かあったときに、藩庁とのあいだをとりもって、「御家大事」に奔走してくれるのも親族であった。また、近世武士は基本的に「単独相続」であったから、養子が重要な意味をもち、この面でも親族が重要になった。男子単独相続制では、一人の男子が生家にのこって跡を継ぐ。男子がいない場合には、親族を頼って養子を探さなければならない。逆に、男子が二人以上いる場合にも、親族を頼って二男・三男の養子先をみつけなければならない。

連座制にしろ縁組にしろ、親族関係が、武士の一生を左右する大きなファクターになっていたから、親族に多額の交際費がつかわれたのは当然であった。さかんに行われる儀礼や年中行事も、親戚同士の交流を深め、結合を強める機能を果たしていたのである。

### 寺へのお布施は一八万円？

武士身分が武士身分であるのは、将軍や大名などから俸禄をもらい、主従関係を結んでいるからである。つまり、武士身分の正当性は、上位権力（主君）から身分を保障された事実によって与えられている。しかし、江戸時代は「世襲身分制」の社会である。武家に生まれれば、地位の相続によって武士身分になれた。したがって、武士身分は実質的には「由緒筋目」で与えられていたといえる。武士は「先祖のおかげ」で武士の地位についているわけである。したがって、武士が武士であるためには、由緒筋目の源泉である「親類と先祖」との交際が欠かせない。

すでに死んでしまった先祖との交際とは、すなわち祭祀行為である。武家では、この先祖祭祀にも多くの費用をかけている。先祖を大切に祭ることが、身分を保障する根源になっていたからである。仏壇への花代、菩提寺への喜捨、仏様へのお供え、これらも身分費用の一つであった。

猪山家では先祖祭祀に年間三三・一八匁をつかっている。菩提寺には四五・九匁を納めている。現代人はお盆に一万円も包めば、ましなほうである。しかし、猪山家は現在の感覚でいえば年間一八万円もの金を菩提寺に納めている。この年は別に葬式を出したわけでもない。猪山家は、脇差まで売りながら、これほどの金を菩提寺に納めていたのである。

多額にみえても、これぐらいが猪山家の身分に相応した「お布施の相場」であったのだろう。現在でも、金沢市内に寺院が多いのは、百万石の武士と領民が、このように多額の献金をしていたためである。しかし、先祖祭祀に関係しない神社には淡白である。○・二八匁しか奉納していない。「おはらい」など祈禱料一・一匁とあわせてもたいした額にはならないのである。

### 家来と下女の人件費

また、猪山家が武士身分として、どうしても支払わなければならなかった費用に「家来給銀等」がある。家来や下女の人件費である。

家来をたくさん雇っておくことは、武士の義務であった。なぜなら、いざ合戦になると、武士は「軍役」といって、あらかじめ決まった人数の家来を戦場に連れていかねばならない。「禄高百石につき四人」の軍事動員を四分役といい、「禄高百石につき二人」の軍事動員を二分役といった。

しかし、十八世紀以降、軍役人数に相応した家来を雇う武士は皆無であり、軍役人数の半分ないし四分の一の家来も雇っていないのが普通であった。しかも、炊事洗濯の家事労働につかうため、雇っている家来のなかには戦場に連れて行ける「男家来」ではなく、「下女」がかなりいた。猪山家は高七〇石と切米四〇俵の微禄であるから軍役人数は無きに等しい。一人つれて戦場に出れば十分であった。また、平和が二百年以上つづいていたから、家来の軍事的意味も、それほど自覚されていなかった。ふたたび「軍役」が大問題になるのは、黒船来航のあとである。

猪山家では、男家来一人と下女一人を雇って住み込ませていた。武士身分である以上、正式な外出には家来をつれた。信之や直之が外出するときには男家来が草履取りとして供をした。母や妻の外出には下女が付けられるのが普通であった。

武家屋敷のなかでは、男は男の指示系統、女は女の指示系統で動くようになっていた。子供の教育もそうであり、男子は祖父・父が教え、女子は母や祖母が「女のわざ」を教えた。前近代社会では、男女の仕事内容がわかれていたからである。武家の男子に必要な役所向きのことを、女性である母が教えるのは難しいし、逆に、父が娘に裁縫仕事を教えるわけにはいかなかった。

猪山家は「家来給銀等」として年間一五五・四八匁つかっている。男家来と下女の給銀は盆暮れの二回にわけて与えられた。男家来の年間給銀は八三匁、下女は三四・七五匁であった。しかし、このほかに毎月五〇文ずつ小遣銭をあたえており、正月と盆暮れには祝儀を与えているから、この二人に支払った金額は年間一四五・五一匁になる。その他、正月の登城や年始まわりなどには臨時に人を雇った。これに七・一五匁払っている。また、辻の番人にも給銀を二・八一匁ほどあたえている。

男家来や下女の給銀が少ないようにみえるが、食料は与えられたし、他家にお使いをすれば、そのたびごとに一五文の御祝儀がもらえたわけであり、これがかなりの収入になっていたはずである。武士は自分の身分格式を保つために「身分費用」を支出しないわけにはいかないが、それによって創出される雇用の恩恵をうけていたのは家来や下女たち武家奉公人であったといえる。彼らの多くは、金沢城下周辺の農村の百姓出身であった。

## 直之のお小遣いは？

猪山家の経済規模は四三五六・一一匁もあるのだから、一匁＝四〇〇〇円の現代感覚でいえば、一七四二万円にもなる。しかし、問題なのは、家族が自分で自由にできるお金が、どのぐらいあったかである。

猪山家で最も収入が多いのは、直之であったが、彼のお小遣いは信じられないほど少ない。年間わずか一九匁である。この年は閏月があって一年十三ヶ月であったから、月々約五八四〇円であったことになる。悲惨というほかない。

たしかに、直之は加賀百万石を担うエリート官僚であり、草履取りを連れて外出する身分であった。しかし、家来の草履取りのほうが、むしろフトコロはゆたかであった。草履取りは食事と衣服が保障されているうえ、年に給銀八三匁と月々五〇文の小遣いをもらっていた。それだけではなく、年三回の御祝儀があり、どこかにお使いに出るたびに一五文の現金収入があったのである。しょっちゅう人前で土下座をし、つらい家事労働をしなければならなかったが、親元にかえれば田畑もあったし、いかに主人が金をもっていないかはよく知っていたはずである。

このような武士と百姓の関係は、なにも猪山家に限ったことではない。外見からすれば、武家は立派にみえるけれども、経済的には泣いていたのである。

このことは江戸時代に平和と安定が永くつづいたことと無関係ではないように思える。江戸時代は厳しい世襲身分制といわれながら、ついに農民革命はおきなかった。たしかに百姓一揆は起きた。しかし、これは生活のために年貢の減免をかかげるものであって、武士身分から政権を奪取しようというものではない。江戸時代は商人や農民が武士を打ち倒す「革命」でおわったのではない。おもに武士身分の内部から発生した「維新」の動きによって終焉したのである。

考えてみれば、江戸時代は「圧倒的な勝ち組」を作らないような社会であった。武士は威張っているけれど、しばしば自分の召使いよりも金を持っていない。武士は、身分のために支払うべき代償（身分費用）が大きく、江戸時代も終わりになると、それほど「お得な身分」ではなくなってきていた。一方、商人は大金持ちだが卑しい職業とされ、武士の面前では平伏させられ、しばしば武士に憧れの目をむけていた。献金して武士身分を得ようとしたりする。江戸時代はまったく不思議な社会である。

このように権力・威信・経済力などが一手に握られない状態を社会学では「地位非一貫性」という。江戸時代はまさに「地位非一貫性」の社会であった。社会学者の富永健一氏は、この地位非一貫性が「身分制的秩序をこわす方向に作用した」とする。しかし、私は地位非一貫性が江戸時代の社会を安定させていた面にこそ注目したい。社会に地位非一貫性があれば、革命はおきにくい。身分による不満や羨望が鬱積しにくく、身分と身分が、そこそこのところで折り合って、平和が保たれるからである。

## 給料日の女たち

武士の給料日にあたるのが、俸禄支給日である。猪山家の人々は、年に四回ある信之と直之の俸禄支給日を楽しみにしていた。なぜなら、家族全員に「初尾（初穂＝はつお）」といって、お小遣いが配分されるからである。信之は七月三日に二一〇匁、閏九月十八日には、八月分の俸禄から六六匁を配分し、直之は三月一日に六五・四二匁、十一月二日に六七匁を配分している。おもしろいのは、その配分のされかたである。

おばば様九〇匁（うち五〇匁衣類代）。父上様（信之）一七六・四二匁。母上様八三匁（うち一五匁衣類代）。弥左衛門（直之）一九匁。妻（お駒）二一匁。姉様（すでに婚出）五匁。おぶん（姉。すでに婚出）五匁。お熊（直之娘）九匁。

家計簿の書き込みをみるかぎり、父親の俸禄であっても、直之が主導して配っていたらしい。家計簿も直之がつけている。やはり、当主信之のお小遣いが一番多い。しかし、女性たちも、しっかり貰っている。猪山家以外の武家のお小遣い配分をみなければ、一般論にはできない。しかし、江戸時代の武家女性が、考えられている以上に、自立した財産権を持っていたのは、たしかなようである。

第二次大戦前の家制度のもとでは、女性の財産権は非常に制限されていた。近代日本の家制度は、江戸時代の武家の制度がもとになっているといわれるから、我々は武家の女性と聞くと「財産権も弱く、しいたげられていたのではないか」と思いがちである。実際のところ、武家女性は、しいたげられていたのだろうか。

たしかに、武家の女性は特殊な例をのぞいて、家の相続権はない。また、少女時代は男子にくらべて、一段下におかれていたといってよい。嫁に入ってからも、辛抱させられることが多かったであろう。直之の妻の様子をみてもそうである。

しかし、男の子を産み、やがて、その子が成長して「母上様」となり、孫ができて「おばば様」となると、家庭内での地位は格段に向上していった。猪山家でも、さんざんに小遣いをつかっているのは、当主を産み、嫡子を産み、母となった女たちである。武家女性の地位は「年齢と出産」によって変化するものであった。若いころは辛抱の日々であったが、子を産み年齢を重ねるにつれて、家庭内でのステータスが向上したのである。

また、武家女性は、生涯にわたって、実家との絆が強い。お嫁にいって七年とか十年たつのに、猪山家の娘たちは、実家の父と弟から「給料日のお小遣い」を毎年もらっていたのである。そればかりではない。夫と妻の財産は、むしろ我々よりも明確にわかれていた。猪山家の家計簿にも、直之が「妻より借り入れ」と書き込んだ箇所がある。つまり、直之の妻（お駒）の財産は、猪山家財産とは別会計になっており、夫婦であっても借金をする形になっている。ただ、さすがに利子は取っていない。

妻の財産が夫と分離しがちなのには理由があった。江戸時代の結婚は、それほど長続くものではなかった。まず寿命が短いから、すぐに「死別」になる。そのうえ離婚が多い。農民よりも、武士のほうが、むしろ離婚は多いかもしれない。だから、夫婦の財産はきっちり別になっていて、いつ離婚してもよいようになっていた。

今後の研究蓄積が必要であるが、私が調査した範囲で紹介する。まず、文政元〜七（一八一八〜二四）年の岡山藩士の婚姻届簿「立会養子婚姻譜代弟子願留」（池田家文庫、岡山大学付属図書館所蔵）をみてみると、婚姻届三百五十六件のうち三十六件には後に離婚したという書き込みがある。武士の結婚と離婚を日本で一番詳しく記録していると思われる史料は、宇和島藩の家中由緒書である。生涯にわたって精密な記録が残っている三十二人の宇和島藩士について調べた結果、驚くべきことがわかった。全体の四割にあたる十三人が離婚経験者だったのである。うち五人は離婚を二回経験していた。

しかも、宇和島藩士の妻たちは離縁されても、さっさと再婚していた。「貞婦は二夫にまみえず」などというのは全くの嘘である。農民女性はおろか、武家女性についても絶対にあてはまらない。このほかに、武家の離婚については専修大学教授の高木侃氏が「武士の離縁状」という論文を書かれている。

繰り返すが、江戸時代の結婚は長くは継続しないものである。宇和島藩士の結婚カップル五十六組を追跡すると、わずか三年で二十組が離死別していた。二十年も継続した結婚は四分の一にすぎない。江戸時代の結婚に金婚式は稀有なのである。嫁は子供をもうけてしっかり定着しないかぎり、いつ実家に帰るともしれない存在であった。したがって、妻の財産も独立的になりがちであった。我々が漠然と抱いている「封建的な」武家女性のイメージと実態は「随分ちがう」と考えたほうがよさそうである。

家計の構造

猪山家に入ってきた俸禄収入は「初尾」として家族に配分されることを述べた。しかし、それは全体の一三%にすぎない。猪山家では毎月の定常生活費を「小遣い」とよんでいる。豆腐代など、こまごまとした出費は「小遣い帳」をつくって、そこで妻女が管理していたものと考えられる。これが毎月一八〇〇文であり、仏様花代の二〇〇文とあわせて、二〇〇〇文が月々のきまった経費になっていた。それ以外の大きな出費には、やはり直之が直接に関与していたようである。

ここで内職について少しふれておきたい。猪山家の収入は俸禄が主体であったが、そのほかには家財売却が収入になっている。下級武士が内職に励んでいたことはよく知られている。猪山家の家計簿は精密であるから、内職で何かを作って売却すれば、記録されるはずであるが、内職による大きな収入は確認できない。ただ木綿や木綿布を売った収入が記載されていて、あえてさがせば、これだけである。内職はあったとしても全収入の五%に満たないであろう。

城下の武家地に集められた藩士たちは、土地を経営して収益を得たり、庶民を相手に商売や金貸しをするのが、ほとんど不可能であった。そういう営利行為を許さない土壌が存在し、武士は「土地と資本」が生みだす大きな利潤の機会からは切り離されていた。営利行為は、ささやかな手工の内職に限られた。結局、生計は俸禄収入に大きく依存する仕組みになっていたのである。明治維新後、これが変化した。地主として家賃を取ったり、金融部門から収入を得たりするようになる。その様子については、本書の後半で検証することにしたい。

ところで、猪山家にとって「両替」行為は重要であった。「江戸時代の武士は米で収入を得ていた」というのは常識である。しかし、武士が家族で食べる米の量はたかが知れている。生活物資やサービスを購入するためには、米を売却して、金か銀か銭の貨幣と交換しなければならない。江戸時代の武士が「市場」を通じて、どのような交換行為を行っていたのかは、重要な研究課題だが、これまで看過されてきた。

そもそも、猪山家は俸禄を屋敷に、どのような形で持ち込んだのであろうか。米で持ち込んで、あとになって売却したのか。銀に換えたのか、銭に換えたのか。そのあたりのことが気にかかる。

建前上、猪山家の収入は、前掲の表1のようなものである。お米が四二石。銀が三四・三匁。金が八両である。しかし、実際にはこのような形では支給されていない。荷車にのせて、お米四二石を屋敷まで持ち帰ったりはしていないのである。結論からいうと、荷車にのせて屋敷に運び込んだ米は八石にすぎない。猪山家は家来や下女もいれて家内八人だから、食用米（飯米）だけを持ち帰ったのである。しかも、食べる米も節約したらしく、年末になって米二石をあまらせて売却した形跡がある。

猪山家では、堂形・小松・本吉・寺井の藩庫に分散して納められた自分の米を売ったり買ったりして持ち帰った。米の売却代銀が丁銀であったか、金沢藩札であったかはわからない。気をつけておきたいのは、武士は米で俸禄をもらいながら、米を買うことがあった点である。また、一旦、屋敷に持ち帰った米を「米切手（印紙）」にかえて売ることもあった。

食用米以外の米三四石は支給時に、藩の米蔵においたまま時価で売却し、すべて銀にして持って帰っている。結局、信之の高七〇石の収入は全て銀で猪山家の門をくぐっている。これが一三二一・三匁である。直之の切米四〇俵のうち、米二〇石分は米が八石、銀が七五八・九五匁の状態で持ち帰られた。拝領金八両のほうは三・七五両分が銀二〇六匁にされて支給されている。結局、猪山家に持ち込まれた俸禄は、米状態が八石。銀状態が二二八六・二五匁。金状態が四・二五両であった。武士の俸禄が米で支給されたというのは建前であって、実際には武家屋敷に持ち込まれたのは、ほとんどが銀であった。大名の蔵から出す時点で米を売って銀にして屋敷に持ち帰る場合が、どこの藩でも多かった。もっとも、この「銀」は本物の銀でなかった可能性が高い。「銀札」つまり藩の発行した藩札であったろう。

よく知られていることであるが、江戸時代の日本は金と銀の二つの通貨圏があった。東日本は「金遣い」であり、西日本は「銀遣い」であった。江戸は金遣いだから「小判何両」の世界であり、金沢や大坂は「銀何匁」の世界であった。しかし、金貨銀貨は高額貨幣であるから大きな取引の決済手段であった。日常のお買い物には「銭何文」がつかわれた。この銭遣いは全国共通であった。

したがって、猪山家は俸禄米を銀にかえて持ち帰ったものの、この銀貨だけでは買い物ができない。銀を売って、銭を買わなければならない。また、金沢は「銀遣い」だから中納言様から拝領した金貨の小判も使えない。金貨は銀貨か銭に両替しなければならないのである。実際、猪山家は一年間に二十七回も貨幣の両替をしている。つまり、月に二回のペースで両替をしていた。サムライは金勘定をしないイメージがあるが、そうではない。生活が米の換金レートに左右されていたから相場にも金融にも鋭い目をもっていた。だから、明治になって銀行員になったものには意外に旧武士身分が多い。

銀→銭　24回　876・5匁→7415文　平均両替相場　84・558文／匁
金→銭　2回　1・5両→9060文　平均両替相場　6040文／両
金→銀　1回　2両→144・5匁　平均両替相場　72・25匁／両

最終的に、俸禄収入が、いかなる状態で財布から出ていくかを調べてみた。そうすると、

米で消費　一三％　銭で支出　三四％
銀で支出　五三％　金で支出　〇％

という結果になった。消費支出に限ってみると、米消費が一六％、銭決済が四三％、銀決済が四一％であった。金額ベース（銀換算）でいえば、銀遣いと銭遣いが拮抗してい

表8、猪山家の月別収支（天保14年）単位・匁

| 月 | 総収入 | 総支出 | 収支 |
|---|---|---|---|
| 1 | 24.87 | 100.98 | −76.12 |
| 2 | 100.00 | 106.29 | −6.29 |
| 3 | 350.00 | 347.76 | 2.24 |
| 4 | 528.78 | 114.95 | 413.83 |
| 5 | 120.00 | 61.28 | 58.72 |
| 6 | 0.00 | 27.26 | −27.26 |
| 7 | 1331.00 | 1122.49 | 208.51 |
| 8 | 241.21 | 167.42 | 73.79 |
| 9 | 0.00 | 113.44 | −113.44 |
| 閏9 | 0.00 | 125.90 | −125.90 |
| 10 | 66.00 | 129.34 | −63.34 |
| 11 | 200.00 | 184.22 | 15.78 |
| 12 | 1263.15 | 1064.70 | 198.45 |
| 合計 | 4225.01 | 3666.03 | 558.98 |

たが、決済回数でいえば圧倒的に銭遣いの機会が多かった。銀は借金返済や頼母子講などの金融関係や、お布施や初尾などにつかわれるだけで、日用品の購入には使用されていない。買い物には、必ずといっていいほど、銭をつかっていた。

## 収入・支出の季節性

江戸時代の経済は季節的な偏りが大きかった。現在でも、年と年度の初末に決済が集中するが、比べものにならない。お盆と暮れに取引・決済が集中していた。家来や下女の給銀も盆暮れであったし、借金の支払い期日も、お盆に集中していた。

表8は、猪山家の天保十四（一八四三）年の月別家計収支である。支出が大きいのは七月（一一二二・四九匁）と十二月（一〇六四・七匁）。一方、小さいのは六月（二七・二六匁）である。最大月と最小月では、実に四一倍の差がある。いかに支出が盆と暮れに集中していたかがわかる。

現在でも金沢市内は「七月盆」である。『金沢市史』の民俗調査によると、お盆の習慣に「切籠《きりこ》」というのがあって、木の枠に白い半紙を張って箱をつくり、内部に灯明をともす。猪山家では、七月十日に盆切籠を十三個（単価一六文）買い、十四日にも寺院用の切籠を二個（計七三文）買って納める習慣であった。「切籠油代共〆入用四百三十一文ナリ」とある。十五日には、切籠十五個を三mもある長竿にぶらさげ、家来に担がせて、寺町にある極楽寺の墓所に参ったのである。

この前後には「つけ払い」が集中している。猪山家では、一丸甚六・越中屋小兵衛など七箇所に払いを済ませている。しかし、たいした額ではない。猪山家は財政再建中であったから商人も多額の掛売りには応じなかったものと思われる。お盆の支出で多いのは、やはり借金返済であった。去年の借金整理の約束に従って、猪山家はきっちり借金を支払っている。ただ、この裏には苦労があった。金にこまっても、最後まで刀だけは売らなかった猪山家だが、お盆の借金返済に窮して、前にも述べたように、とうとう信之の脇差一本を手放している。

十二月の暮れにも、借金の返済期日があり、頼母子講に出銀しなければならないので支出が多くなる。暮れには交際費もかかる。しかし、武士の収入は、毎月あるわけではない。猪山家の場合、直之が盆暮れに「拝領金」を貰ってくるから、まだ、ましである。家財道具を売却したり、新しく借金をして、なんとか収入を得るのだが、それでも六月・九月・閏九月は無収入であった。表1からは、六月に俸禄支給があるようにみえるが、これは前借り支給をうけてしまい、実際には六月に収入はなかった。ことに天保十四（一八四三）年は「閏月」が九月にあったから、悲惨な事態になった。

猪山家は八月末から十月まで実収入は一銭もない。ところが、その間に閏月が入って、九月が二つできてしまった。九月を二回も過ごす生活費はどこにもない。八月一日には、銀二二五・八一匁と銭六四二文であった所持金がどんどん出ていって、十月には金策に走りまわった。しかし、十月末には、とうとう所持金が銀四・一匁と銭一三文になってしまった。屋敷中の金をかき集めても、それだけしかない。

現在の感覚で一万七〇〇〇円ほどである。葬式や来客でもあれば、ピンチであった。しかし、幸運なことに、客も来なければ葬式もなかった。十一月二日には、待ちに待った俸禄が支給されて、銀一〇〇匁が無事に入っている。だが、その日のうちに銀二〇匁は借金の返済に消えた。

## 絵にかいた鯛

翌日には、長女お熊の「髪置祝い」をしなければならなかった。これにもお金がかかった。

髪置というのは、数え二歳になった子供の長寿と健康を願う儀式である。まず、子供にとって縁起のよい方向を調べておいて、そちらを向いて座らせる。そして、綿と麻でつくった白髪のカツラをかぶらせる。「髪が白くなるまで長生きせよ」という願いをこめている。金沢では、もっぱら武家の習俗であって庶民は髪置をしない。だから、明治時代になって身分制度がなくなると、急速に廃れた。ただ、今では七五三の形で残っている。

髪置の祝いには「赤飯と大鯛」を用意しなければならない。もちろん、大鯛を買う金はない。そこで猪山家は驚くべき行動に出ている。しかたがないから鯛の絵を描いたのである。猪山家の家計簿には「絵鯛」と生々しく書き込まれている。孫の祝いに駆けつけた母方の祖父母も猪山家を気遣って、自分達の食べる料理を持ち込んでいる。「絵の鯛では、かわいそうだ」と小鯛と鰯の料理を持ち込んでいるのである。

家計簿の無味乾燥な記載からはわからないが、たぶん、この小鯛をそっと孫娘の口にはこび、食べさせてやったのであろう。

武士の困窮はこれほどのものであった。百姓出身の家来や下女は間近で、この様子をみていたのである。

しかし、鯛の絵を描いてでも、髪置の儀式をやってしまうところが、近世武家の真骨頂である。生まれたときから、このような儀礼を施されて育った娘は、やはり「武家の娘」になる。下女なども、自分とは違う存在としてのまなざしを向けるようになる。江戸時代の「身分」は、こういう次元で成り立っていたといってよい。

ところで、「子連れ狼」という時代劇がある。流浪の侍、拝一刀《おがみいっとう》とその子大五郎の物語である。みられた方はすぐおわかりだと思うが、このドラマで何とも奇妙なのは大五郎のヘアスタイルである。まわりの子供とまったく違う異様な髪形だ。実は、このヘアスタイルは武士の子供だから、あのようになっている。あの異様なヘアスタイルは髪置のためであり、大五郎は幼いころからあの髪形を強制され、「武士の子」を標榜させられているのである。

# 第三章　武士の子ども時代

## 猪山成之の誕生

猪山家に待望の男子が誕生した。弘化元（一八四四）年四月十三日のことである。のちに「猪山成之」と名乗るこの男子は、生まれつき几帳面な性格で、不摂生をすることもなく、規則正しい生活を送って寿命をのばし、大正時代まで生き延びた。まさに「猪山家の近代」を背負って、幕末・明治・大正の激動期を走り続けたといってよい。

ここからは、彼が本書の主人公になる。幕末に産声をあげた一人の武士の子が、激動の日本近代史をどのように生きていったのか、そのありのままの姿を眺めることにしたい。

ありのままにいう。成之が「仕込まれた」のは、天保十四年八月のある夜のことであった。その年の借金返済が一巡し、直之夫婦がともにホッとして床についたことが幸いしたのだろうか。一つの受精卵ができた。これが成之になるのである。妻のお駒のおなかが、むくむくと大きくなってきた。ちょうど、猪山家が鯛の絵を描いたりして、お熊の髪置をやっていたころである。

妊娠がわかると、また儀式が必要になる。武家の習俗では、着帯《ちゃくたい》の儀から始まって、出生の後にも、三つ目《みつめ》・七夜《しちや》・初参詣というように、乳幼児をとりまく出産儀礼が連続する。成之について行われた出産儀礼の一覧を掲げると、次のようになる。以下、成之の成育儀礼には、①から通し番号をつけていく。

①着帯　1843・12・19　妊婦に腹帯をまく儀式。妊娠五ヶ月目の戌《いぬ》の日。
　出生　1844・4・13　第二子のため猪山家で出産。隠婆《おんば》・医者・針立に謝礼。
②三つ目　1844・4・15　誕生三日目の祝宴。西永・清水家より親戚六名。
③七夜　1844・4・19　誕生七日目の祝宴。西永・清水・竹中・増田・太田家より親戚十四名を供応。藤井・坪内・金岩・猪山（本家）の各親戚が祝いにくる。
④初参詣　1844・5・15　鎮守の神明宮に参詣。外祖父の西永家に挨拶。

妊娠してお宮に初参詣をするまでに、四つも儀礼がある。最初の「着帯」から順にみていこう。

着帯は妊娠五ヶ月ごろの戌の日に腹帯をまく儀式である。戌の日に巻くのは、犬の安産にあやかってのことである。このとき初めて、隠婆とよばれる産婆が登場する。猪山家では、この日、隠婆に謝礼を支払っている。銀三匁。いい金額である。金沢市で昭和・平成の民俗調査をされた今村充夫氏も、産婆の家で腹帯を締めてもらう風習を報告されている。おそらく、お駒はこの隠婆に腹帯をしめてもらい、お産の相談にのってもらったのであろう。

## 武家の嫁は嫁ぎ先で子を産むのか？

お駒にとって、今回のお産は二度目である。すでに長女お熊を産んでいる。ここで注意しておきたいことがある。どこでお産をするのかという問題である。ただし、自宅で産むか病院で産むかという問題ではない。嫁ぎ先で産むか実家に帰って産むかという話である。

武士一般について、この問題はほとんど考慮されてこなかった。天皇の子がうまれる場合、官女は里に下がって出産するのが常である。しかし、将軍や大名家では、そうではない。基本的に、嫁ぎ先である「奥」のなかで産む。正室ならば尚更そうである。では、庶民の場合は、どうだろう。地域や家の事情によって異なるが、初産は嫁の実家で産み、二回目からは嫁ぎ先で産むのが一般的であった。少なくとも金沢では、そうであった。

武家の場合は、どうだろう。武家は「家意識が強い」とされる。「女性は、その家に嫁げば、その家の人間となり、わざわざ実家に帰って、お産などしないのではないか」と考えてしまいがちである。しかし、実際には、そういうことはない。加賀藩士の場合も、この点は、庶民とまったく同じであった。「初産は実家で。二度目の出産からは婚家で」という基本原則が共有されていたのである。

猪山家でも、初産ならば、嫁は実家に産みにいくし、逆に、猪山家出身の娘が初産になると、必ず産みにきた。猪山家の事例をみると、出産の十日から六十日前までには、妊婦は実家にもどって「産所」に入っている。そして、出産後も一ヶ月は実家にいて静養する習わしであった。この間、膨大な出産費用が生じるが、この費用も娘の実家が負担することになっていた。

このように武家の女性は結婚したからといって、決して実家から切り離されるものではなかった。常に、実家との強い絆を維持しており、死んで葬られるときも「猪山○○妻、△△氏」というように、実家の姓が墓石に刻まれたのである。武家の場合、むしろ農民よりも女性が実家に密着しており、婚家に取り込まれることがなかったといえる。

農民の嫁は「労働力」として期待されたから、それほど実家に帰るわけにはいかなかった。しかし、武家の嫁は違った。家事労働は下女がやってくれる。「労働力」としてよりも、むしろ別の役割、「血縁力」というようなものが期待されたのである。家内の年中行事を取り仕切り、親戚と付き合い、子供を産んで、婚家を安泰にする役割である。その嫁がいることで血縁関係がひろがり、政治的にも血縁的にも、家が強くなることが期待された。

夫にしてみれば、出産から金融にいたるまで、妻の実家と密接な交際をしなければならなかった。それには、身分や経済力が近い相手のほうが都合がよい。士分の結婚の多くが「藩内結婚」となっていたうらには、そういった事情があった。

## 武家の出産

お駒の妊娠は順調であった。ただ妊娠八ヶ月目には少し薬を飲んでいる。安神丸という妊婦の服薬である。ほかには寄応丸《きおうがん》と涼膈散《りょうかくさん》を買っている。産気づいたのは、弘化元（一八四四）年四月十三日のことである。安産であったか難産であったかは、伝わっていない。ただ、猪山家が万全の出産準備をしたのはわかる。まず、出産に立ち会うべく、あつめられたのは、隠婆、医者、それに針立《はりたて》（鍼灸医）の三人である。家計簿をみると、出産の様子が生々しい。

まず、隠婆が赤子をとりあげるときのコスチューム「湯揚木綿小紋　九尺」「たすき小紋　六尺」が用意された。赤子を洗う「生湯たらい輪入」と「晒木綿《さらしもめん》　一丈」と「手拭　一筋」も準備された。さらに、母子の産後の体調をコントロールするために、十種類もの薬を買っている。

産育史には貴重な資料であろうから、列挙しておくと、車草の粉五文、よもぎの粉五文、肝涼円一包八〇文、安神散五〇文、安神丸一〇〇文、天かんふ乳の薬五〇文、約わた小之分壱つ一五文、当的壱袋一〇文、小児龍子丸一〇〇文、紫円三〇文となる。このほかに「三盆白砂糖一袋　一匁」というのがある。これが一番高い。白砂糖をなめさせて妊婦に力をつけさせたのであろう。

余談だが、いま私の手元にこのとき「お駒がなめた砂糖の袋らしきもの」がある。というのも、白砂糖は高価だから袋も立派である。直之は節約家だから、この袋に先年の借金整理の重要書類を入れて保存したのである。それで百六十年後の今日に奇跡的に残ったのである。借金整理が一段落したころの家計簿に「白砂糖一袋」を買ったとあるのは、このお産の日ぐらいである。したがって、この袋がお駒が成之を産んだ日になめた白砂糖の袋である可能性は高いように思われる。

お駒は直之と結婚してからというもの、借金に追われて、婚礼衣装まで売られる羽目になり、高価な白砂糖など滅多に口にしていなかったはずである。子供を産み終えてなめた「三盆白砂糖」は、さぞ甘かったに違いない。ただ、なめたあとの袋は、借金関係の書類をおさめるのに使われたのである。

片町二丁目、かつての猪山家邸跡

赤子がうまれて、猪山家の人々は小躍りして喜んだに違いない。しかも、うまれた子供は待ちに待った嫡男であった。隠婆への謝礼も奮発した。銀一五匁を与えている。医者には一三匁、針立には五匁を支払った。

しかし、のんびりとは、していられない。どんどん親戚がお祝いに駆けつけてくる。出産三日目には「三つ目」、七日目の夜には「七夜」のお祝いをしなくてはならない。三つ目の祝いは小規模にすませた。お駒の実家西永家の父母と兄、そして清水家に嫁にいった直之の姉などで内々に祝った。お膳に鯛を出したいところだが、カレイで我慢している。

七夜は少し豪華にした。七夜には、藩に届け出たイトコまでの親族は一通り顔をそろえている。このときばかりは、小さいが鯛をお膳に出した。ちょうど春の山菜の季節であり、ゼンマイをそえて「小鯛」をみんなで食べた。くるみやレンコン、クワイも出している。

このように倹約に倹約を重ねた出産であったが、それでもかなりの出費になった。猪山家の家計簿には、次のような書き込みがある。

直吉（成之）出生入用、去年十二月着帯以来、七夜祝い済むまで、惣入用高
　銀百六匁　　銭百五拾三文
このところへ（西永）与三八様より御肴代として三拾目くだされ候につき、勝手より出し候入用高は七拾六匁と百五拾三文なり。また、与三八様より生着《うぶぎ》代として五拾目、与三八様よりくだされ候。則、生着出来いたし候につき、この帳面入払いには立てず。

つまり、成之（幼名、直吉）の出産にかかった総費用は、着帯から七夜までで、銀一〇六匁と銭一五三文であった。すべて銀換算すれば一〇八匁ほどになる。このほかに赤ちゃんお披露目用の絹の産着をつくったらしく、これに五〇匁をかけているから、合計一五八匁の出費であった。産婆・医者・鍼灸医への謝礼二三％、薬代四％、供応費二〇％、出産用品二一％、産着代三二％という内訳になる。

ところが、出産費用の半分以上を支払ったのは、妻の実家の父親・西永与三八であった。産着代の全額と三〇匁をお祝いとして与え、結局、八〇匁を負担している。このように二度目以降のお産であっても、実家の父親が娘の出産に多額の援助をするのは、これに限ったことではない。猪山家も嫁に出した娘の出産に、手厚い援助を惜しんでいない。

生後一月ほど経った五月十五日。成之は外祖父から送られた立派な晴れ着を着て、はじめての宮参りをしている。猪山家の屋敷があったのは、現在の金沢市片町二丁目二十四番地である。古文書と古地図で、その場所を特定し雪の中をたずねていくと、「ぼたん」という老舗の純喫茶になっていた。昭和二十一年創業で薫りのよい珈琲がでる。ここから少し歩くと犀川にかかる犀川大橋に出る。大橋をわたってすぐに神明宮がある。

猪山家の氏神様であり、成之は絹の産着にくるまれて初参りをした。お賽銭は一〇八文を納めている。

同じ日、はじめて外祖父の西永家にも足を踏み入れている。家来と下女の二人に肴一箱と饅頭三十五個を持たせ、手土産にしている。これで出産儀礼は終わりであった。

**成育儀礼の連続**

成之の儀礼はこれだけでは終わらない。出産儀礼のつぎは、通過儀礼・成人儀礼が目白押しであって、そのたびにお金がかかった。武士の子を一人育てるのには、大変な費用がかかるのである。

十四歳で元服して一人前になるまでに、少なくとも五つの通過儀礼が行われている。

⑤箸初《はしぞめ》　1844・8・16　食べ初め。祖父母の西永夫妻と嫡子を供応。

⑥髪置　1845・11・18　数え二歳。髪伸し初め。西永・伯父増田家を供応。

⑦着袴　1847・11・11　数え四歳。袴を着け刀を差す。西永と増田・竹中・吉崎の伯父を供応。親戚一同から祝儀をもらう。

⑧角入《すみいれ》　1854・10・16　数え十一歳。前髪に剃込を入れる。
⑨前髪　1857・1・16　数え十四歳。前髪を剃って元服。

まず、⑤箸初であるが、赤ちゃんに箸で米粒を食べさせる儀式である。「くいぞめ」もしくは「たべぞめ」ともいう。金沢では、生後百日で行うところと生後百二十日で行うところがある。猪山家では生後百二十日前後に行っていた。

この儀式には、赤ちゃん用のお膳セットが必要であるらしく、「膳・碗・皿・箸」を新調している。猪山家の家族九人と西永家の三人あわせて十二人で祝宴をひらいた。母の実家だけが呼ばれている。ここでも、母系のつながりの強さがうかがえよう。

この日のメニューは「鮎のすし」と味噌汁・くるみ・かき・鯛・煮びたし。小鯛を十二枚買っているから、一人に一尾、小さな鯛がだされたようである。宴が果てて、西永家の三人が帰ろうとすると、「これをお持ちになってください」といって引き止め手土産を持たせた。中味は赤飯である。

次に、数え二歳の十一月には⑥髪置の儀式をした。長女のお熊のときにはお金がなく、鯛の絵を描いたが、さすがに嫡子のときには「本物の鯛」を用意した。大野屋という料理屋に注文して豪華な「鯛の浜焼」を買い、大鉢に入れて真ん中にドンと置いたのである。髪置の祝宴には、父方伯父の増田家も加わって、十五人が参加している。小鯛や蟹が食膳にならんでいる。

髪置の儀式は前述の通りだが、赤ちゃんの成之に「ひじき」を食べさせているのが注目される。髪がよく伸びるように願ったのだろう。冗談だが、事実、この効果はあった。

主計大監在職中の猪山成之

成之四十五歳ごろの写真が残っている。探し回って、東京大学の明治雑誌コレクションのなかでやっとみつけたものである。それをみると、成之はハゲてはいない。それどころか、髪はフサフサであり、髭をたくわえ、蝶ネクタイをしめて、立派な紳士になっていた。

**百姓は袴を着用できなかった**

さらに、数え四歳の十一月には⑦着袴の儀式を行った。男子が袴を着ける儀式である。

普通は「袴着《はかまぎ》」という。

どうも加賀藩士たちの記録を読んでいると、この「着袴」が実に重要なようである。ほかの藩では、元服の「前髪（執《と》り）」のほうがはるかに大切なのであるが、加賀藩の場合、ことのほか、袴着の儀式が盛大である。親族がぞろぞろとあつまる。

実は「袴を着る」という行為は江戸時代には特別な意味をもっていた。袴は勝手に着用できるものではなく、苗字帯刀と同じように、武士などの身分をあらわすシンボルであった。普通の百姓が袴をはけるのは村祭りや行事のときぐらいであって、それは私的な着用である。日頃から公式に着用できるのは、領主から「裃《かみしも》」を特に許された庄屋や名主ぐらいであった。

一般には、あまり知られていない事実であるが、江戸時代の人々は、向こうから「袴を着けた人物」が接近してくると、お辞儀・土下座などの心の準備をはじめるものであった。袴は強力な身分シグナルであり、袴をはいている人物には無礼を働いてはならず、無礼を働けば斬られる可能性があることを示していた。

時代劇のなかでも、下っ端の「同心」は着流しであるが、上役の「町奉行」や「与力」は袴をはいている。袴は世襲の武士＝武家をあらわすものであり、苗字や刀よりも重要な身分シンボルであった。武士であっても足軽や同心のような一代限りの下っ端には許されない衣服であり、袴は「憧れの衣服」であった。

幕末になって、百姓町人が農兵・町兵・諸隊として戊辰戦争を戦い、凱旋してきて、まず藩に要求したことは「村や町に帰っても袴を着用させろ」ということであった。袴を着けて帰れば、故郷の村や町で「武家扱い」されるからである。

「袴着の儀」をするまで、武家の子は町人の子に混じって遊んでいても見分けがつきにくい。四～五歳までは「髪置」のせいで、ヘアスタイルに少し違いがあるぐらいで、ほとんど一緒である。しかし、袴着を済ませて、数年たつと袴を着けて「手習い塾」に通うようになり、まったく姿が変わってしまう。武士の子は袴着から「武家の制服」を強制され、「自分は武家なのだ」と無意識下で自覚するようになる。幼児の脳内に身分意識の刷り込みが開始されるのである。

袴着で注目されるのは、このときから大小二本の刀を与えられている点である。刀は高い、ちょっとした脇差でも銀一五〇匁はする。四歳の成之に「大小一腰」を与えたのは、またしても母方祖父の西永与三八であった。ちゃんと箱と袋もついている。このとき、成之は仕立て代をいれてワンセット三二匁の裃を新調してもらった。それを着せられて、碁盤の上に立たされ、父母親戚一同がみている前で、西永のおじいちゃんに帯を締めてもらう。これが袴着の儀式であった。袴着が無事おわり、成之は四歳にして二本の刀を持つことになった。刀を贈ってくれた祖父へは後日、成之自身がお礼に出向いて「酒三升と生鱈一本」を持参している。

袴着がすむと、親戚の葬式や法事は袴を着けなくてはならない。七歳、八歳になってくると、手習い塾に通うから袴を着ける。成長にともなって、ときどき袴を仕立て直していたからはいていたことがわかる。

### 満七歳で手習い

さて、江戸時代にも「お受験」はある。とくに猪山家は御算用者であって筆記・計算能力が命であった。子弟は藩から能力確認の試験を課されていた。「筆算御撰《ひつさんおえらび》」という。猪山家としては、成之に英才教育を施し、この試験を通過させなければならない。成之の教育は九歳（満七歳十ヶ月）ではじめられた。

ところが、勉強机がない。借金を払うため十年前に売り払っていた。そこで奮発して成之の勉強道具のセットを買っている。文箱・硯・筆・墨・紙を揃え、しめて銀一八匁の教育投資である。その二日後、嘉永五（一八五二）年二月二十八日、「直吉（成之）、今日より山口金作方へ手習稽古罷越候《まかりこしそうろう》」というように手習い塾に通いはじめた。赤飯を持って挨拶にゆき、入門したのである。

成之はよく勉強したらしい。わずか一月で習字の競書会に参加し、二ヶ月目には新しい筆を買ってもらっている。よほど練習したのだろう。勉強のせいばかりではないだろうが、三ヶ月目には眼の調子が悪くなって親をあわてさせた。眼医者にかかっている。四ヶ月目には、紙がなくなり、また墨がなくなったのか、新しいものを買ってもらっている。六ヶ月目になると、また筆を二本と清書紙を購入しているから、すさまじい習字訓練であったことが想像される。

猪山家は猛烈な勢いで成之に紙を買い与えている。七ヶ月目には「薄墨紙五帖」を購入した記録がある。清書用紙は毎月買った。猪山直之は大変な教育パパであった。

理由がある。猪山家の子供は誰よりも達筆でなければならなかった。御算用者が出世するには藩主の「執筆役」になるしかなく、字が下手では話にならない。猪山家が借金を返済できているのも、執筆役に抜擢されて拝領金をもらい、加増をうけているからである。猪山家の生活は「筆一本、算盤一挺」にかかっていたから、子供の習字に熱心なのは当たり前であった。

加賀藩には藩校もあった。しかし、成之の修業をみてもわかるように、藩校教育よりも、家庭教育と個人的な師弟関係が教育の中心になっていた。猪山家の場合、学校が教育の主役になるのは、明治になってからである。江戸時代の武家では、父親と父親が決めた師匠が子供を教育したのである。

### 満八歳で天然痘に感染

ところが、手習い塾に通いはじめて九ヶ月。成之は疱瘡にかかった。満八歳七ヶ月のときである。疱瘡は天然痘。江戸時代の子どもの「天敵」であった。体に痘のブツブツが出来はじめると十日ほどで死ぬ。兄弟や友達の死をみているから、疱瘡にかかると、子ども達は死を覚悟した。幕末の疱瘡については、帝塚山大学の川口洋教授が検討されている。

大名の子どももよく死んだ。若桜藩主池田冠山の娘露姫は満五歳で疱瘡にかかって死んだが、家族が知らないうちに遺書を書いていた。ひらいてみると「お父さん（私が死んだら）お酒は飲まないで」と書いてあった。

成之も早熟な子であったから、覚悟はしたに違いない。発症したのは嘉永五（一八五二）年十一月十三日である。猪山家としては、可愛い嫡男を死なすわけにはいかない。この日から、救命大作戦がはじまっている。

まず父直之が役所にいって借金をした。その金で成之に「なし・みかん・たらこ」なんでも高価なものを買ってきて食べさせた。「さじ一本」を買った記録があるから、木製スプーンで口に運んでやったのだろう。医者は三人用意した。五回往診させている。ただ、医者に治せるものではなく、当時の風習に従って神に祈った。猪山家でも「赤紙二枚とお神酒二本」を用意して祭壇をつくり、疱瘡神を祭った。

成之は天然痘と十八日間闘い、そして勝った。生き残ったのである。猪山家は神頼みもしているが、病気への処置が合理的であり、栄養のあるものを食べさせ、抵抗力を維持させたことが効を奏したといえる。ここで成之が死んでいれば、本書が書かれることはなかったであろう。ちなみに、成之の疱瘡にかかった費用「痘入用」は全部で銭二六二五文であった。

## 武士は何歳から刀をさしたのか

剣術の修行も十一歳（満九歳十一ヶ月）ごろからはじめられた。成之は「馬渕」という剣術道場に通いはじめた。嘉永七（一八五四）年、ちょうどペリー艦隊が再来した年である。父親の直之も正月から江戸表に「御後陣」として出陣したが、四月中旬には無事に金沢に帰ってきた。帰ってきて、まだ剣術の師匠に何も謝礼をしていないのを知り、あわてて酒肴を用意して挨拶に行っている。

しょっちゅう成之は脇差をこわした。何度も修理代がかかっている。このころには常に脇差を差して外出していた。鞘も塗り直している。剣術修行は手習いよりもお金がかかる。月謝が二匁以上したし、七日間の集中修行には七〇匁五分二〇文という大金を費やしている。小手繻袢や木刀など道具代もかかった。武士の教育費は、文よりも武から出ていったのである。

この年の秋、十月十六日には成之の「お受験」があった。入学試験ではない。就職試験の「筆算御撰」である。大人っぽくみえるように、前髪に剃込を入れ、角前髪《すみまえがみ》にして受験した。家にかえってくると、母親が赤飯を炊いており、祖父の西永一家もきていて、鯛と鯵のご馳走が用意されていた。⑧角入のお祝いであった。

しかし、この試験はどうも不合格で、合格したのは翌年のことらしい。安政二（一八五五）年十一月十一日の家計簿をみると「直吉（成之）撰、首尾よく済み候につき赤飯」と書き込みがある。この結果をうけて、二十六日には、成之は「雇《やとい》」として御算用場に見習い出勤できるようになった。こうして、成之の職歴は満十一歳七ヶ月からはじまるのである。

御算用者としては数学が出来なくてはいけない。瀧川秀蔵という和算家について学んでいる。手習い塾・和算入門・剣術稽古と塾通いをしたのである。ただ、計算や筆記については、役所で実際に仕事をしながら、父や親戚から学んだところも大きい。成之は学校には通わず、多くの「江戸人」がそうであったように、家庭と職場を自然の学校としていた。

そして、安政四（一八五七）年正月十六日には、⑨前髪を執《と》って元服した。十四歳（満十二歳九ヶ月）であった。祝いの費用は銀五二匁と銭一六〇〇文。鮒料理をみんなで食べた。座頭を銀一〇匁でよんでいるから三味線か何か、音曲があったのだろう。こうして成之は成人した。

# 第四章　葬儀、結婚、そして幕末の動乱へ

## 莫大な葬儀費用

猪山成之の成育儀礼をみてきた。「生にかかわる費用」をみてきたが、武家に限らず、江戸時代には「死にかかわる費用」が莫大であった。事実、武家の儀礼のうちで最も費用がかかったのは葬儀であった。

家計簿が書かれた三十七年のあいだに、猪山家では四回の葬式を出している。ほぼ十年に一回である。葬儀費用の大きさには驚かされる。年間収入のほとんど四分の一を費やしているのである。

| (被葬者) | (年月) | (葬儀費用) | (同米換算) | (香典収入) | (自己負担) |
|---|---|---|---|---|---|
| 父・信之 | 1849・4 | 809・50匁 | 10・25石 | 461匁 | 43% |
| 祖母 | 1849・5 | 751・86匁 | 7・53石 | 549・5匁 | 27% |
| 母 | 1852・6 | 647・82匁 | 5・00石 | 135匁 | 79% |
| 直之 | 1878・4 | 39・85円 | 7・00石 | 9・9円 | 75% |

猪山信之の葬儀費用は銀八〇九・五匁。これは四十九日までの費用にすぎない。このあと、百ヶ日回向・茶の湯（費用一二匁）、一周忌法事（同一三八匁）、三周忌法事（一一九匁）とあって延々と続く。このごろは五十回忌どころか三十三回忌の法事もやらなくなってきたが、江戸時代の武家では百回忌・二百回忌というような法事も珍しくはない。現代人のように五十回忌で打ち止めになったりしないのである。とくに当主が死ぬと、のちのちまで法事をとりおこなう義務が生じて、膨大な葬祭費用が発生していたのである。

ここで注目しておきたいことがある。現在の葬儀では、職場の同僚の役割が大きい。会葬者の受付ばかりでなく、経済的にも、仕事関係の香典が葬儀を支えている。しかし、猪山家が暮らしていた加賀藩士の世界では、同僚が香典をくれるのは、本人死亡の場合だけであった。母や妻子が死んでも、同僚からの花代（香典）はない。葬儀は親戚の費用で行うものであった。

猪山家では、直之の妻の実家や実兄・実姉など、五〜六家の親戚が花代・菓子代を用意し、それで葬儀を出していた。しかし、それは葬儀費用の二五％ほどにしかならなかった。ちなみに、信之の葬儀は、同僚三七％・親戚七家二〇％・自己資金四三％でまかなわれていた。祖母の葬儀のときには、なぜか妻の実家が五〇〇匁という大金をだし、それで葬式を出している。

親戚は葬儀のときには、費用を負担してくれるが、猪山家も親戚の葬儀には花代を出した。信之の葬儀の一月前に、女婿の竹中権太夫が死んでいるが、このときは銀五〇匁を負担している。葬式が発生したときには、嫁が通夜の夜食を用意しなければならない。通夜の夜食代は嫁の実家の父親が負担することが、よくみられた。猪山家も娘の嫁ぎ先で不祝儀があると、通夜夜食代を用意してやっている。これをみても、武家の妻が嫁いでも、如何に実家とのつながりが深かったかがわかる。

ところで、会葬者は何人ぐらいだったのか。直之祖母の葬儀については人数がわかる。猪山家にあがって、会葬料理を出された人数は、通夜が四十七人であり、中陰（初七日）が七十人である。通夜の夜食は嫁の実家が費用を出して仕出屋から取り寄せており、銀二一五匁もかかっている。葬送人件費、寺への回向料も高い。会食費に金がかかるのは、現在と同じであった。

## いとこ結婚

結婚にもふれておきたい。家計簿が残っている期間中に、猪山家では二回の婚礼が行われている。一回目は成之の嫁取り、二回目は成之の妹お辰の嫁入りである。つまり、嫁を取る婚礼と嫁に出す婚礼が一回ずつあった。

まず、成之の結婚からみよう。ただ、そのまえに就職の話をしなければならない。成之は非常に出来がよく、満十一歳七ヶ月から御算用場の雇《やとい》として役所に出勤しはじめたことはすでに述べた。これほど成之の出仕が急がれたのは、やはり将来の出世と収入を見込んでのことである。雇は見習いだから無給に近いが、数年以内に「御算用者に召し出され切米四十俵」を給与されるのが普通であった。猪山家にとって、成之が早く稼ぎはじめてくれる経済的メリットは大きい。それに下級武士の役所勤めは「勤続年数」がものをいう世界であった。御算用者になるのは、早ければ早いほどよい。昇進も俸禄加増も早まるからである。

成之が御算用者に正式採用され、切米四〇俵をあたえられたのは、安政四（一八五七）年六月十九日、満十三歳三ヶ月のときであった。吉事（就職祝い）は銀四六五匁をかけて盛大に行っている。父親の直之は江戸詰の最中であったから、書状で金沢に指示をだし、「親戚にカツオを三本送るように」などといっている。江戸の父親には塩鱈二本が発送されている。もちろん宅配便などない時代である。送料は一〇〇文であった。

ちなみに手紙一通は一二～一五文で江戸まで届いたようである。二通なら三〇文。金沢から江戸まで小包が現在の感覚で五〇〇〇円、書簡は七〇〇円ほどで届くというのだから、江戸時代にしては安すぎると思うが、そう書いてある。当時の送料は配達速度で値段が大きく違った。おそらく、何かに便乗させる安い遅達便をつかったのであろう。

成之は満十三歳三ヶ月で一人前の俸禄を取るようになった。翌七月二日には、初任給がでた。召し出されてからの日割りの初任給が支給されたのである。米三・二二九石である。米一石分は藩の堂形蔵から猪山家まで運んだ。米俵にして二つであり、駄賃が七四文かかった。残りはその場で売却し、銀一七三匁五分と三六文に換えた。

現代には、初任給をもらうと、まず父母に捧げるという美風が「一部に」あるが、成之はどうしたのだろうか。やはり父母に捧げたのである。三四匁分を父母の御初尾とし、残りも全額を家に入れている。成之自身は一銭たりとも手をつけた形跡がないのである。「孝子」といってよい。

成之に結婚に向けた動きがみられるのは、俸禄をもらいはじめて四年がすぎた満十七歳四ヶ月のころである。文久元（一八六一）年の八月二十九日に、増田・竹中・西永など近い親類が猪山家にあつまって、ある祝い事にかこつけて会食をした。成之の妻になる「お政」の名前が初めて登場するのは、このときである。

実は、成之とお政は初対面ではなかった。それどころか幼児のころから知っていた。二人はイトコであったからである。成之にとって、お政は父の実兄の二女にあたる。伯父の増田九兵衛家を訪れるたびに遊んでいた。

それがどのような経緯でイトコ結婚になったのかはわからない。周囲が強引に結びつけようとしたのか、幼なじみの淡い恋心が一気に燃え上がったのか、数字ばかりの家計簿には何も書かれていないからである。ただ、八月二十九日に、お政が猪山家を訪問する機会が意図的にセットされたのは間違いない。

この日の主役は彼女であり、帰りぎわには、彼女にだけ「鯛・きす・かます」がセットになった豪華なお土産が渡されている。そのうえ「お政様」と様付けでよんでいたらしい。家計簿にも、そう書き込んである。この日、猪山家は細心の注意を払って、お政を招待したことがうかがえるのである。

そして、十二月十三日には、縁組（結納）を取り結んでいる。父親どうしが実の兄弟という結婚だから、弟が兄に「お宅の娘を頂戴したい」といい、兄が弟に「よろしくお願いします」という不思議な結納である。もっとも、結納という表現はなく、「縁組」とか「取りむすび」と言っている。結納を「縁組」とよんでいる点は注目してよかろう。

藩士の縁組には藩庁の許可が必要であったから、これに先立って、御算用場の上司を通じて、前田家の御家老役に「縁組願」を提出していた。許可されるまでに、だいたい三ヶ月間はかかるのが普通であった。「付紙《つけがみ》」といって、縁組願に御家老のコメントが糊で貼り付けられてかえってきたら結婚許可である。その文言は「本文を（殿様の）御覧に入れたところ、願い通りにせよ、との仰せでした。以上」と決まっていた。

しかし、藩主が本当に縁組願に目を通していたかどうかは怪しい。前田利家、利長、そして五代綱紀ぐらいまでは、本当に、殿様が自分で意思決定する場面が多かった。しかし、時代が下ってこのころになると、それこそ猪山家のような下級官吏が、先例をもとに官僚的に審査して稟議案をつくり、それが上司→家老会議→藩主と決裁・承認されていく「稟議制」になっていた。殿様が御覧になる場面は形式化され、大抵のことは「よきにはからえ」となっていった。このあたりの事情は笠谷和比古氏の『近世武家社会の政治構造』に詳しい。この研究は、日本型組織の稟議による意思決定が、どのような歴史的起源をもつのか、日本の意思決定は責任の所在が不明確になる特徴があるにもかかわらず、なぜ強靭に継続してきたのか、などを考えるヒントになる。

さて、猪山と増田の家族十三人は向き合って座り、結納をかわしている。小鯛の料理がでて銀一〇匁五分と銭一七〇三文を費やしている。

ここで結納金の金額が気になるのであるが、記述がない。成松佐恵子氏が美濃国安八郡西条村の庄屋西松家の日記を研究されているが、西松家では天保期の嫁取りに一八〇匁、婿取りに四八〇匁の結納金を支払っている。万延以後の婿取りには四二〇匁である。武家にも結納金があり、多額にのぼったことが、しばしば藩法などで問題にされるが、猪山家の場合はわからない。とにかくこの日、成之とお政の縁組（婚約）が成立している。

しかし、婚約しても、結婚にいたるかどうかはわからない。江戸時代には「熟縁」ということがよくいわれた。このころの結婚は熟さなければ成立しないのである。婚姻届の提出日を境にして、未婚状態と既婚状態が白黒はっきりしているわけではない。それは現代人の感覚である。私は、江戸時代の結婚には、未婚でも既婚でもないグレーゾーンの「結婚しつつある状態」が存在したのが特徴であると考えている。

猪山家と増田家は婚約を熟させるために工夫を凝らしている。とにかく、お政に猪山家を訪問させたのである。歳暮挨拶には増田九兵衛がお政を同道したし、明けて文久二年の正月十六日には増田の母親がお政をつれて年頭挨拶にきた。猪山家のほうでも、お政を歓待し、干鱈など土産をたくさん持って帰らせた。月末には、お政は一人で猪山家を訪問するようになっている。もっとも家来の送り迎えはつく。この日、お政を迎えにいった増田家の家来は猪山家から渡された御祝儀袋をひらいてみて驚いた。一五文もはいっていればよいと思ったのに、銀一匁がでてきたからである。現代なら四〇〇〇円。通常の六倍の金額であった。さらに二月に入ると、お政を半月ほど猪山家に宿泊させてみることになった。

このような「お試し期間」は珍しいことではなかった。教育史の太田素子氏も、土佐藩下級武士のイトコ結婚をとりあげ「この結婚に無理がないかどうかを確かめる試行期間」があったとしており、結婚前に四ヶ月も同居生活をさせた例を紹介されている（『江戸の親子』中公新書）。

ここで日本人のイトコ結婚について、ひとこと書いておきたい。ごく最近まで日本人にはイトコ結婚がめずらしくなかった。華族・士族にかぎらず庶民もイトコ結婚をした。

ひょっとすると近世農村では二割ぐらいがイトコ結婚かもしれない。

中国人や韓国人にとって、日本人のイトコ婚の多さは異様なことである。もっとも、今どきの大学生に「日本人のイトコ婚の話」を講義すると、否定的な感想がかえってくる。「イトコ結婚ってキモーイ（註・気持ち悪いの若者言葉）」という反応さえあって、日本人のイトコ婚意識が大きく変わっていることがわかる。

江戸時代の日本では「親族である」「家格が同程度である」ということが結婚相手の選択に決定的な影響をおよぼしていた。もちろん例外はあるが、親族結婚は多かったし、武家の場合、両家の禄高の違いが二倍以上にひらくと、なかなか結婚しなかったのは事実である。イトコ婚は「相手の家の事情があらかじめわかるので都合がよい」とされ、ごく最近まで日本人のポピュラーな結婚様式の一つであった。

お政は飴とおこしを持って泊まりにきた。途中、お政の父親や叔母が様子をうかがいにきて心配していたが、この「結婚お試し期間」はうまくいったらしい。二月末には、お政は無事に増田家にもどっている。そして、婚礼道具をそろえて、四月十四日に、ついに猪山家に引き移ってきた。成之満十八歳の誕生日の翌日である。猪山家では二階を改築して、若夫婦が気兼ねなく暮らせるような居住空間をあらかじめ作っている。そこへお政は入ったのである。

披露宴がおこなわれたのは、それから七日後であった。「直吉妻引移後、表向祝」と書かれている。料理七十人前を大野屋に用意させているから盛大であったことがわかる。儀式自体の費用は五七匁と二八九〇文であったが、会食費がすさまじい。七十人前の料理に三九〇匁をつかっているのである。武士が百姓からあつめた年貢で潤っていたのは、金沢城下の料理屋と寺の僧侶であったといってよい。「寺と加賀料理」という百万石金沢の観光資源は、このようにして培養されたのである。

こうして、成之とお政はめでたく結婚した。ちなみに、この結婚は二十四年間続いた。明治十九（一八八六）年、お政が病死するまで、つまり「死が二人を分かつまで」続いたのである。

## 出世する猪山家

お政を嫁がせる増田家にしてみれば、猪山家との縁談は悪い話ではなかった。というのも、増田家も御算用者であった。猪山家と同じ役職である。しかも、当時の猪山家は御算用者の仲間うちでも出世頭といってよかった。なんといっても、猪山親子が次々に

**表9、猪山家の俸禄推移**

| 西暦 | 期間 | 信之 | 直之 | 成之 |
|---|---|---|---|---|
| 1819〜21 | 3年 | 40俵 | | |
| 1822〜26 | 5年 | 50俵 | | |
| 1827〜29 | 3年 | 70石 | | |
| 1830〜44 | 15年 | 70石 | 40俵 | |
| 1845〜46 | 2年 | 100石 | 40俵 | |
| 1847〜48 | 2年 | 100石 | 50俵 | |
| 1849〜50 | 2年 | | 100石 | |
| 1851〜56 | 6年 | | 130石 | |
| 1857〜67 | 11年 | | 130石 | 40俵 |
| 1868〜69 | 2年 | | 180石 | 40俵 |

藩主家族の執筆役になり、表9のように俸禄を加増されていくのである。

猪山家は信之―直之―成之と続くが、この三代のうちに、ヒラの御算用者（切米四〇俵）であったものが、上士（知行一八〇石）にまで取り立てられた。当時としては目覚しい昇進である。出世のきっかけは、前にも述べたように、「御次執筆」と「婚礼御用」である。猪山家は前田家が婚礼するたびに、その御用をつとめ、そのたびに加増された。それが積もり積もって、最後には知行一八〇石にまでなったのである。

直之は藩主によほど可愛がられたらしい。呼び名までつけて貰っている。「彦蔵」という名前であり、藩主は「彦蔵、彦蔵」と直之を呼んで用事を言いつけた。

ところで、武士には二つ名前がある。「諱《いみな》」と「通称」である。「信長」とか「家康」は諱であり、「太郎」とか「～兵衛」というのは通称である。「直之」というのは親などが名付けた「諱」である。これが本名といってよい。しかし、他人が「なおゆき」などと呼んではいけない。呼べば大変な失礼になる。この諱は本人ですら滅多に使わない。ただ公式文書に署名する時には使う。普段、使うのは「通称」である。直之は通称を「弥左衛門」といったが、これを藩主が「彦蔵」と変えてしまったのである。

直之が人に好かれたのは正直な性格によるものであった。これについては確かな証言がある。御算用者の生き残りで、のちに前田侯爵家の会計をしていた井上如苞という人物は次のように述べている。

成之君の父は名を直之君といふて、非常に物が善く出来て、出世をした人であったが、これが藩内響き渡った有名な正直な人であった。成之君は全く父の性質を受継がれたのであらう。（井上如苞「加越能育英事業の先駆者猪山成之氏の追憶」『加越能時報』第三百四十二号）

これが書かれたのは大正九（一九二〇）年である。直之の正直さは藩内に響き渡っており、大正期になっても旧藩士の記憶に残っていたということである。また、成之も同じような性格であったという点も興味深い。井上如苞は「御算用者」の同僚時代から猪山家と「六十余年間も交際を続けた」そうであるが、「君（成之）に一貫して居る性質は『篤実廉潔』の四字を以て言ひ表はされる」と言っている。

おそらく、これは真実に近い。明治になって匿名で私財をなげうち「加越能育英事業」をはじめたのは猪山成之であったし、「郷里の後進のために、尠《すくな》からぬ世話を焼き、追々国から出てくる者も、君に頼るといふ姿になった」のも、事実であった。

たしかに、猪山親子は「寡欲」であり「正直」であったが、それは裏返せば、没個性的な性格であったともいえる。まず政治への意思というものが微塵もなかった。幕末は政治の季節であり、有能な者は、皆、政治に走った。建白をし、脱藩をし、人を斬る者さえいた。ところが、猪山親子は能力と才能は有り余っているのに、全く政治的な動きをした形跡がない。

この親子は役所に入れば機械であった。機械的な官僚として、ただひたすらに業務をこなす。意見は言わない。それが藩にはうけた。というのも、幕末になると、特殊な状況が生まれてきた。藩兵の軍事調練や派兵、軍艦の建造や大砲の鋳造など、前例のないプロジェクトが次々に発生し、藩主の周辺でそれを処理しなければならなくなったのである。しかも、それらは高度な計算技術を必要とするものばかりであった。

たとえば、藩兵の軍事調練がそうである。文久三（一八六三）年四月、藩主前田斉泰は「旗本備え」の「陣押調練」を実施した。攘夷断行が叫ばれ、外国軍との戦いが想定されるなかで、藩軍の中核をなす「旗本」の訓練が必要になったからである。藩士に甲冑をつけさせて陣を組ませ、鉦や太鼓の合図で進退させてみる。簡単なように思えるが、これには複雑な計算が避けられない。まず、「軍役」に基づいて軍事動員の人数を算出しなければならない。また、兵を動かせば、食料や物資が消費されるから、それも計算しなければならない。藩主のもとで、この面倒な計算作業を黙々と続けていたのは、直之であった。

「御旗本御調練の節、右御用しらべ方主付、仰せ付けられ候」と直之の履歴書にはある。調練に必要な数値をソロバンではじき出しては、几帳面な文字で書き出したのである。直之は加賀藩主の生きた演算装置、兼プリンターのような存在であった。

### 姫君のソロバン役から兵站事務へ

幕末という時代は、計算能力が高く、事務処理を確実にこなす「藩官僚」を欲していた。成之も、そのような時代背景のもとで、日本史のヒノキ舞台に無理やりに登場させられる。

「猪山成之」の評判が御算用者のなかで一躍高まったのは、満二十歳のときであったという。元治元（一八六四）年九月、成之は、まったく厄介な役目を仰せつかった。「御《ご》守殿様《しゅでんさま》御用人衆《ごようにんしゅう》執筆役《しっぴつやく》加人《かにん》」というのが、その職名である。

いうまでもなく、御守殿様とは、前田家が赤門を建てて将軍家から迎えた「溶姫」のことである。将軍の娘であるから、一人では輿入れしない。付き人がついてきた。その一団が「御守殿様御用人衆」であり、「幕府の威を仮《かり》て横暴の挙に出づる者多し。藩臣皆之に苦む」状態であった。成之は「その連中の秘書官になれ」という寿命の縮むような辞令をうけとったのである。

ところが、成之はこの仕事で失敗するどころか、名声を轟かせてしまったのである。井上如苞は成之より一つ年下の御算用者であったが、のちに次のように語っている。

> 御算用者として、君（成之）の名の高まったのは、君が御守殿様附の執筆として江戸詰をした際であった。其時分、将軍家から御守殿に附けられた御用人に、波多野

鍋之助・大谷木安左衛門抔《など》といふ連中があって、実にドウも素晴らしい権勢で、何かといふと加賀藩の役人を極め付るのであるから、其下に立って執筆を勤めるといふのは、大概の者に取っては非常に困難な仕事であったが、君は夕〻の一回も失敗をした事がないのみならず、アベコベに両人に愛せられて、何に彼に付けて引立てられるといふ様になって来た。夫《それ》から、同僚の首席に中村石平といふ御算用者があった。強《あなが》ちに意地が悪いと云ふ訳でもないが、事務に長け学問もあり、詩も大沼枕山門で達者に作るといふ風で一同から恐がられて居った男だが、君は此男にも甘《うま》く合はして行って、内外の事務が極めて円滑に運んだから、君の評判が到る処に非常に善くなったのであった。（前出、井上）

成之は事務処理に優れ失敗がなかった。上司の意向に合わせて仕事をこなし、たちまちにして気に入られる天賦の才の持ち主であった。反面、己というものはなく、器用さと便利さで存在していた。父直之も同様であったから、これは猪山家の家風といってよかろう。

ただ、成之も人の子である。ストレスもたまる。江戸詰のときには「馬場に出で打鞠《うちまり》に夢中になって居った事抔《など》を覚えて居る」とあり、これがストレス解消法になっていたらしい。打鞠とは、いまでいうポロ競技のことである。木の杖で鞠を打ち、自分の組のゴールに入れる。本来は馬に乗って行う。これで仕事と上司への憂さ晴らしをする姿が目に浮かぶ。

つまらない仕事から、成之が解放されたのは、慶応三（一八六七）年四月のことであった。金沢から奇妙な命令がきた。「病気になれ」という命令である。

成之が御守殿様御用人衆付の執筆役になって、姫様や付き人たちの宿の部屋割りや旅費の計算をしているうちに、時代は激しく動いていた。もはや政治の舞台は江戸ではなく京都に移っていた。もはや、加賀藩の最大の関心事は、京都で政治的発言力を保つことであった。それには藩兵を大量に京都に送って、駐留させなければならなかった。ところが、その兵站事務は並大抵のことではなかった。京都には、諸藩の藩兵があふれて物価が暴騰し食糧の手配がままならない。加賀藩兵は飢える寸前であった。そこで御算用場は考えた。成之を病気ということにして「御守殿様御用人衆執筆役加人」の役目から解放し、京都の兵站事務に投入しようというのである。成之は「病気に付、役儀御断申上候」という届けをだし、京都に向かうことになったのである。

実は、この京都行きこそが、成之、そして猪山家の運命を決定づけることになる。

## 徹夜の炊き出し

京都に到着して、成之が直面した事態は、江戸でわけのわからない上司に威張られる仕事よりも、更に、たちの悪いものであった。

兵站事務の要員が足らず、兵糧の配給がままならない状態であった。はじめは「諸事御用」「会所御用」ということで赴任したはずであったが、成之の仕事は次第に加賀全軍の「兵糧焚出」になっていった。成之は兵站事務に引っ張りだことなった。そうしなければ、藩兵が飢えてしまうのである。

慶応三年の秋から冬にかけて、成之の炊き出しの労苦は、すさまじいものであった。「四月命を受けて京都に赴き、加賀藩禁闕守衛諸隊の兵站事務を担当す。時に都下騒擾、事務煩激を極めしも成之能《よ》く之に堪へ、昼夜精励、功績頗る著《あら》はる」(前出、井上)というように、ほとんど寝る間もなく兵站事務をさばいている。時代状況が人物を作り上げるというが、まさにそうであった。このときの加賀藩兵の窮状は、成之のなかにあった「兵站の天才」をとりだし、開花させてしまったのである。

この間、成之は激動の幕末政局を生で目撃している。十月十四日には「大政奉還」があった。加賀藩は徳川慶喜の味方であった。加賀藩主前田慶寧《よしやす》は徳川慶喜に近い政治的立場をとっており、当時、加賀藩ほど強く「慶喜支持」に傾いていた外様大藩はほかにない。なにしろ、前田慶寧は加賀藩兵を率いて京都に入り、その兵力で薩長を威圧して、慶喜と同一歩調をとろうとしていた。

「事件」がおきたのは、まさに慶寧率いる加賀藩兵が京都に入ろうとしたその時であった。十二月九日、加賀藩兵が入京するその日の早朝に、薩長は機先を制して、クーデターを敢行し、御所の宮門を奪取した。天皇という名の「玉」を握り、「王政復古の大号令」を発したのである。慶喜に将軍職を辞退させ、「今より摂関や幕府を廃絶する」としたその内容に加賀藩は驚愕した。

成之は、藩主を出迎えに大津まで行き、ともに京都に引き返してきて、この激変を知った。しかし、成之にとって大変だったのは、政治の動きではなく、人数が膨れ上がった加賀藩兵の兵糧炊き出しであった。「直に御固所え出張仕、且、昼夜兵糧焚出方等相勤」というように、大津から歩いてきて、そのまま藩主の陣所に詰め、連日寝る暇もなく兵糧を炊き出したのである。政治には関係のない成之の立場がよく表れている。

王政復古のクーデターによって、徳川慶喜と前田慶寧は窮地におちいった。（京都に居ても仕方がない。加賀・能登・越中百万石の領地に帰って力を蓄えよう）。慶寧はそう考えたらしい。この考えを「三州割拠」という。言うまでもなく、前田家・利長などの先祖がとってきた外交戦略に由来している。事実、前田家はこれで生き残りに成功してきた。十二月十二日、慶寧は慶喜と示し合わせたかのように、加賀藩兵の全軍を率いて京都を引き揚げた。成之も、これに従って、久しぶりに金沢に帰ったのである。

しかし、これによって、慶寧は北の金沢から、慶喜は南の大坂から、京都の新政府をにらむ局面が生まれた。ただで済むはずがない。明けて慶応四（一八六八）年正月三日、とうとう鳥羽伏見の戦いが起き、慶喜の旧幕府軍と薩長らの新政府軍が激突してしまった。そのうえ、前田慶寧ら加賀藩首脳は、この戦いがわずか一日で「旧幕府敗北」に終わるとは思わず、こともあろうに慶喜救援軍を編成して京都方面に向かわせてしまったのである。しかも、成之は新式銃隊の「半隊司令役」として、その軍に加わっていた。

成之は履歴書にこう書いている。

役料金弐拾両これを下され、京都模様に寄り、江州海津まで出張仰せ渡され候ところ、大聖寺において、仰せ渡されの趣これあり、罷《まか》り帰る。

成之は金二〇両をもらって出陣した。金沢を出発して、京都方面の軍事情勢を見極めながら、加賀藩の飛び領地のある近江海津まで進軍する命令をうけていた。ところが、大聖寺まで進んだとき、金沢から早馬が追いかけてきて、「援軍中止。金沢に引き返せ」という藩主の「仰せ渡されの趣」が伝えられた。旧幕府軍の大敗北が明らかになったからである。成之は、とぼとぼと金沢に帰った。

## 大村益次郎と軍務官出仕

結局、加賀藩は慶喜を捨てて朝廷側につくことを表明し、新政府の北陸鎮撫軍を加賀に迎えた。七月になって、ふたたび成之は京都駐在を命じられる。若様の前田利嗣《としつぐ》の会計係として京都に随従した。ところが、京都についてみて成之を待っていたのは、そんな軽い仕事ではなかった。

青天の霹靂というべきか、成之は新政府の「軍務官」に呼び出された。一人で行くわけにはいかず、藩から聞番を同道して出頭している。用向きは成之の人生を決定づけるものであった。「軍務官会計方」に任命するというのである。つまり、成之は大村益次郎らの「軍務官」にヘッド・ハンティングされたのである。成之の天才的な兵站事務の噂をきさつけてのことであった。

按ずるに、成之常に加賀藩の事務に従ひしも、其理財に老《た》けたるの名、夙《つと》に朝廷に聞へしを以て、終に此事ありし也。（前出、井上）

というように、成之の異能に目をつけたのは、安達幸之助という人物であったらしい。前出の井上は「或は安達の推薦で召出されたのでなからうか」と推測する。

安達は加賀藩の足軽であったが、安政二（一八五五）年という早い段階で江戸に出て、当時まだ無名であった村田蔵六（のちの大村益次郎）の洋学塾にはいり、めきめきと頭角を現して塾頭になった。大村が新政府の高官になると、安達は大村の分身のようになり、「賊軍平定」に忙しい大村にかわって、京都伏見の兵学校にあって新軍隊を建設する仕事についていた。しかし、当時の新政府には困った問題があった。実務の出来る人材が不足していたのである。

其比《ころ》の政府の顕官は大きな議論を立てることは上手だが、理財会計等の緻密な事柄に事務的才幹を持って居るものがなかったので、乃《すなわ》ち君（成之）を抜擢して其局に当らしめたものと察せらる。（前出、井上）

新政府は「元革命家」の寄り合い所帯であり、当然、実務官僚がいない。例えば、一万人の軍隊を三十日間行軍させると、ワラジはいくら磨り減って何足必要になり、いくら費用がかかるのか、といった計算の出来る人材がいないのである。

このような仕事には成之のような「加賀の御算用者」がうってつけであった。加賀百万石の御算用者は「日本最大の大名行列」の兵站業務を何百年も担ってきたのである。

事実、成之は大村をよく支えた。

実際、君は大村の部下で非常に善く働いて、何等会計法もない時分に収支の大綱を立て、各地討幕軍の軍需其他を支弁するといふ大功を樹てたのであった様である。

（前出、井上）

やや褒めすぎのきらいはあるが、成之が新政府軍の困難な財政を裏で支えていたのは事実であった。井上は成之から、こんな裏話を聞いたという。

其時分は御維新の出来立の混乱の際であったから、時には短い鼠半切一枚に「大村益次郎」の名を認めた丈《だけ》で、何千両何万両といふ大金を鴻池其他の豪商から調弁された抔《など》、と云ふ話も聞いた事がある。（前出、井上）

成之は「鼠半切一枚」というヒラヒラの汚い紙きれに「大村益次郎」の署名をもらい、鴻池など豪商をまわって、何千両何万両を調達してくるような仕事をしていたのである。まさに混乱期の革命軍の姿である。それだけではない。「猪山君は会計官であり乍《なが》ら軍艦の修繕をやったといふ奇談」（前出、井上）さえある。

明治元年の暮に榎本武揚が五稜郭に立籠ったので、二年早々官軍から海軍を出征せしめ様とした時である。出帆間際に政府の軍艦『浅間』が大破損をしたといふ珍事が起ったので、猪山君が俄かに其修繕をすべき命を蒙ったのであった。今から考へると滑稽極まる話だが、其時は実際命懸けの大事件であったので、未だ造船所の設もなく、造船技師も居なかったから、猪山君は命を蒙ると共に碇泊地の浦賀へ急行した。而して突嗟の間に工夫を案出して、人夫数十人を徴発して、『浅間』を港の浅瀬へ片寄せさせ、之を取り囲んで数千本の杭を打ち、杭と杭の間に土俵を詰込んで到頭ドックの形を為した堤防を作製した。夫から鼠車（水車）百挺余を据付けて中の水を汲出して、夫で［軍艦の］底の修繕を整へて海戦に間に合はしたといふ奇談である。（前出、井上）

このように、成之は大村益次郎に命じられるままに、戊辰戦争の混乱のなかで必死になって働いた。ところが、成之を引き立ててくれた大村と安達の二人は、宿に居たところを暴漢に襲撃され遭難してしまう。明治二（一八六九）年九月四日のことである。安達は大村を守ろうとして「益次郎なり」と叫んで飛び出したと言われる（『郷史談叢』三、六六頁）。

身代わりになって安達は即死。賊はその生首を取った。大村も重傷を負い、しばらく生きていたが、病床で新しい軍隊のあるべき姿を意見書に書き遺すと、死んだ。安達の身代わり行為が大村に執筆の時間を与えたのである。今では安達幸之助は無名の人物であるが、大村のもう一つの頭脳であり、生きていれば「近代軍隊の実質的な生みの親」として歴史に名を残したはずである。埋もれた人物といってよい。

ところで、九段の靖国神社に有名な「大村益次郎の銅像」が立っている。実は、この銅像を建てるのに「始から終り迄、人の真似の出来ない尽力をしたものは、猪山成之君であった」（前出、井上）。

是は君が本来世話好きであった為でもあらうが、一つはまた大村に引き立てられた恩義に酬《むく》ゐんとする為かとも思はれる。夫故、大村が若し長命であったなら、君が官界の地位も一層進んで居ったに相違ない。（前出、井上）

のちに成之は大村益次郎という恩人の銅像を建立するために「幹事」として奔走したのである。大村が生きていたら猪山成之は大将や男爵になっていたかもしれない。少なくとも金沢の友人は、そうみていた。

というのも、成之は大村の信任が厚く、明治二年三月十七日に、一旦は新政府軍務官の「会計棟取」に任命されている。ところが、七月になって兵部省が新設されると、ただの「会計司出仕」となり、大村は京都に行ったきり、殺害された。兵部省の要職は山県有朋など薩長藩閥出身者におさえられ、成之などは「兵部省会計権少佑」というまったくの小役人から再び官歴を積み上げることになった。

それでも、十二月には「会計少佑」となり、明治三（一八七〇）年十一月には「海軍掛」となった。誕生したばかりの日本海軍の会計を担当することになったのである。おそらく、軍艦「浅間」を修理して評判になったことが関係しているのであろう。このまったくの偶然によって、成之はその後の人生を海軍とともに生きていくことになるのである。

# 第五章　文明開化のなかの「士族」

## 「家族書簡」が語る維新の荒波

明治維新のなかで、士族は何を考え、どのように生きたのだろうか。本章では猪山家を通して、明治初年の士族たちの生きざまを眺めてみたい。

明治の士族といえば、不平士族・没落士族の語があるように、暗いイメージがつきまとう。たしかに「不平」や「没落」も士族の一つの姿であったが、現実はそれほど単純なものではない。

幸いなことに、猪山家文書には家計簿のほかに、明治初年の家族書簡が大量に残されている。明治維新の変革は廃藩置県から学制頒布・太陽暦採用・征韓論・廃刀令・秩禄処分と続いていくが、猪山家の家族書簡には、それについて感じたこと考えたことが生々しく綴られている。明治維新を猪山家の人々が、どのように受け止めていたのか。意識の内側を知ることができる。

このような貴重な手紙が残った理由は、いうまでもなく、成之が兵部省（のち海軍省）出仕となり、金沢に父母妻子を残したまま、東京に単身赴任したからである。別居により家族に手紙のやりとりが生まれた。成之は異常なほど几帳面で、なおかつ家族おもいだから、手紙を整理して大切に保管しておいた。それで今日に残ったのである。

最初、成之は単身赴任ではなかった。父の直之も東京に居たのである。直之は慶応三（一八六七）年には前藩主斉泰・現藩主慶寧・次期藩主利嗣の「御次御用」を全て兼ねるに至り、藩主の側近中の側近となった。明治二（一八六九）年三月の加賀藩の職制改正では「三等上士」に位置づけられ、藩主家族が東京に移住するにあたっては、当然のように御供を申し付けられ、十月には華族前田家の「御家令席主簿」になった。家令席だから、前田家東京邸のなかで最高位の待遇であり、なおかつ会計の総責任者である。藩主家族や上役によほど信任されていたのであろう。

しかし、直之は五十九歳であった。三ヶ月ほどで病気を理由に免職を願い、許されて金沢に帰った。ただ、隠居した訳ではない。別離にあたって、藩主は直之の永年勤続を賞して金三〇〇〇疋と生絹二疋を与えた。「正三位様（斉泰）御付以来、数十年来役儀に精を出」（猪山彦蔵「代り人由緒」）したためである。金沢に帰り着くと、さらに「知行百八拾石、改高九拾俵（＝四五石）二斗四升七合」に加増の沙汰があった。直之の永年勤続、成之の新政府での活躍により、猪山家の家禄は大幅に引き上げられたのである。

こうして直之は数え十九歳から続いた御算用者の繁務から解放され、五十九歳にしてはじめて悠々自適の生活に入った。つまり、猪山家では、父・直之と母と妻子が金沢にいて、成之が東京に単身赴任する状態が、明治三（一八七〇）年正月からはじまる。

現代人の目でみれば、成之の妻子が東京に同居しないのは不自然である。しかし、当時の感覚では不思議ではない。旧藩時代の「江戸詰」の感覚であった。成之自身、海軍省勤務を「出かせぎ」と表現している。当初は新政府よりも藩への帰属意識のほうが強かったのである。

第一、成之には東京に家族を呼ぶ家屋敷がない。妻は金沢で父母（舅・姑）に仕え、親戚づきあいをせねばならなかったし、そのうえ乳幼児が二人もいた。綱太郎（慶応三年七月十日生）と、鉄次郎（明治二年二月十八日生）である。乳幼児死亡の多い時代、幼児を東京に連れ出すのは危険である。猪山家の手紙を読むと、幼弱の子を連れて上京するのに非常に慎重であった様子がうかがえる。そういう事情で、猪山家では成之が単身赴任し、父・母・妻が金沢で幼い男児二人を大切に育てる別居状態になったのである。

猪山家の家族書簡・日記は明治五年三月〜明治十二年三月分が残されている。いずれも父母が金沢から東京の成之に宛てた手紙と日記であり、東京の成之から金沢に宛てた手紙は残っていない。また、成之の妻お政の手紙も数通しか残っていない。

①直之書簡　猪山成之宛　明治五年三月〜明治七年八月　五十五通
②直之日記　　　　　　　明治八年一月〜明治十年六月
③お駒書簡　猪山成之宛　明治十年十二月〜明治十二年三月　四十五通

これは成之が先祖供養の目的で猪山家歴代の手紙や日記を保存したためである。以下、これらの史料をつかって、維新の荒波にもまれる猪山家とその親族の姿をみていく。文中、直之書簡は①、直之日記は②、お駒書簡は③と略記して出典を示す。

### ドジョウを焼く士族

明治四年七月十四日、廃藩置県によって「金沢藩」は消滅した。翌八月十一日には旧藩主前田慶寧が金沢から去り、東京に移住した。九月になると、薩摩出身の内田政風が金沢県大参事として送りこまれ、金沢の県政にあたることになった。

新政府にとって、金沢は厄介な県であった。元が加賀百万石だけに、膨大な数の士族が残っているうえ、薩長と対立していた。そのため、政府に不満を抱く者も少なくなかった。巷には、禄を削られた士族・卒が失業者としてあふれていたのである。十二月十八日には、士族・卒であっても官職のない者は、農工商を営むことが許され、身分制度の崩壊がすすみはじめた。

直之は金沢にあって、その有様を目撃することになる。明治五年四月二十六日、直之は恒例の犀川の河原相撲を見物にいった。相撲の勝ち負けで「火入れを投げ、或は喧嘩を始め」るのは「往昔に変わることなし」という金沢の風物詩であったが、ここで直之は驚くべき光景を目にした。相撲見物人の荷物を預かる雑役夫に「士族打ち交り居り」という、以前には絶対にあり得ない風景が、そこにはあったのである。

（士族は上から特権を奪われるまえに、自分から庶民に成り下がっている）。直之はそう感じた。成之への手紙に「上より諸民に下すにあらず。下もより諸民に下るの勢い。実に時勢と存ずる事に候」（①明5・5・2）と書いている。士族が没落する時の勢いに、おののくばかりであった。しかし、驚くのはまだ早かった。八月になると、同じ犀川に「下民同様、夏中、犀川橋づめに唐キビを焼き、ドゼウ（ドジョウ）を焼き売る士族」（①明5・8・28）が現れたのである。いまだに、士族の家禄は支給されていたが、それでは食べていけず、「稼ぎ方も無」いので、トウモロコシやドジョウを焼いて売る者さえ出た。

さらに秋になると、士族は町人や卒からも町で無視されるようになってきた。明治四年四月十八日、新政府はそれまで武家にしか許されていなかった乗馬を平民にも許可した。金沢の町でも「卒あるいは町人体の者にて混雑中も構いなく（乗馬で）馳せ通」るようになった。

乗馬で町を優先的に通行するのは、かつて上級武士の特権であった。猪山家も乗馬できるまでは昇進できなかったほどである。ところが、明治五年になると「士族体の者には一切見受けざる」者がそれに取って代わった。直之は、乗馬の町人に押し退けられて、面白くない。「文明開化とは左様の事を申し候や、と存ずること也」（①明5・11・9）と嘆声している。

町人に無視されるのは、まだよい。直之のような「非役士族」の心を傷つけたのは、県庁の官吏による無視であった。士族は非役で役所に出ていなくても、天下国家や県政を担う一員であるとの意識が強い。ところが県庁の「役員」はこれを相手にしなかった。県の参事などは「我等如きもの逢い申し候ても、言を出すべき端も、これ無き勢い」であり、県の大属でも「矢張同様」であった。旧藩主の側近で藩政の中枢にいた直之には、これがこたえた。「最早、我等如きは日雇稼も同段」（①明5・10・9）であると手紙に書き、完全にいじけている。

　このように、士族に不満を抱かせていた原因は、国や県の役員（官員）に出られず、志が果たされないなかで、特権が一つずつ剝奪され、経済的にも追い詰められていったからである。藩政時代には、武士身分であるというだけで、役職はなくても、それなりの処遇をうけられたし、生存も保障されていた。いまや、それなりの待遇と生存の保障を得るには、士族であるだけでは駄目であった。県庁の官員に出仕する必要があった。しかし、それは狭き門であり、たとえ石川県庁に入れても、旧藩時代からすれば、ずっと格下の官等になるのが普通であった。場合によっては、元の部下や平民の下につく。それでも就職先があるだけ、ましであった。

　直之は「窮する時は、十四等にても五等（出仕）にても、今日喰いさいすればよい」「ドゼウを焼き売り居る士族もこれ有り候あいだ、十四等位は上品と申すもの、上も下も申すに語ることなし」（①明5・8・28）という士族の悲鳴をきいている。

## 廻船問屋に嫁ぐ武家娘

　士族の経済的困窮がすすむなかで、女性たちにも影響が及んでいる。猪山家の親戚（元高一五〇石・改高八八俵三斗六升）でも、縁談にあたって富裕な町人を求めるようになっている。

その家には、お琴という娘がいた。少女時代から「御次女中」となって奥御殿にあがり、「慰姫様御付御中臈」にまでなった才媛であるが、慶応三年九月に実家に戻り、嫁ぎ先を探していた。しかし、維新の混乱もあって難航し、五年が過ぎていた。ところが、明治五年五月十一日、突然、猪山家にその家の当主がやってきた。

女婿であるから、直之が招き入れると「妹のお琴に縁談が出た。速急に示談する」という。「越中伏木浦、太田屋何某と申す、船にて商いの方」が「貰いたい」と言ってきた。さらに話を詰めたうえで、この縁談は「取りきめ、暮二十一日頃、引越候つもり」である、ということだった。先方の太田屋は「挟箱一荷にて引越くだされば、よろし。まず越中遊歴のつもりにて遣わし申すべく」といってきている。したがって、嫁入り費用はいらない。「引越の節は……隠居ならびにかつ下女も両人ばかり召し連れて参」るつもりだという。

それまで女性たちは、いずれも武家へ嫁している。町人の妻になった娘は一人もいない。前年の八月に華士族と平民の婚姻は自由になっていたから、既に法律上の問題はなかった。直之は、この結婚に異論を唱えてはいない。むしろ「右様の縁談、当勢流行の由、右、太田屋と申すは、伏木にて三四番位の富家と申す事の由、めでたく相整い候を念じ居り候」（①明5・5・12）と書いている。

当時、このような斜陽士族と富裕商人の縁組は「流行」であったらしい。先日も士族何某の娘が同じように豪商に嫁いだという。直之も相手の男が伏木浦で三四番の金持ちと聞いて、縁組が整うように念じている。太田屋にしてみれば、士族で元奥女中の才媛を妻に迎えれば、地元での権威づけになる。士族は商人の男に経済力を求め、商人は血筋と権威と教養を士族の娘に求めていた。

### 士族のその後

維新以後、士族は、さまざまな生き方を模索するようになった。「武士のその後」については東京大学の廣田照幸氏らが調査され、優れた研究書も出されている。そして、明治維新後の士族の生活のディテールや職業意識などは、これから解明していかなくてはならない課題になっている。

例えば、家屋敷を売り払うまで没落した士族は、どのぐらい居たのか。本当に「士族の商法」をしようとしたのか。官僚や軍人になろうとした士族は、どのような人々であったのか。一軒、一軒の士族の「その後」を追いかけなければ、実際のところはわからない。

今回、みつかった猪山家文書は、驚くべきことに、そのような追跡調査も可能な史料群であった。猪山直之は手紙を書いても実に几帳面であり、成之に親戚の消息を詳細に書き送っている。そのため、猪山家にはイトコまでの近い親戚が全部で八家あったが、それらの親類が「廃藩以後、何を考え、どのように暮らそうとしたのか」まで追跡できる。このような史料はめずらしく、まさに僥倖というほかない。猪山家の親戚を小さなサンプルとして、維新後の士族の生きざまをつぶさに観察できるのである。

**猪山家**　（切米四〇俵→元高一八〇石・御算用者→御馬廻組）

猪山成之は軍務官をへて、東京単身赴任で海軍省出仕。直之と家族は金沢に住み、東京からの仕送り、家禄、家賃・利子収入で生活。明治五年の家禄収入は約一一七円。明治七年の成之の年収は一二三五円。直之の死後、明治十二年春に一家をあげて東京に移住。

**B家**　（直之の実兄の養家、元高一〇〇石・御算用者）

明治五年、堂々と「自宅にて表向いて酒店を開く」が、明治六年末には「家も売払い申すべき覚悟」となって商売をやめた。猪山家の資金援助をうけたが、家を売却して猪山家の借家に住む。一時、滋賀県などに出稼ぎにいくが、すぐに戻る。明治十二年末には金沢で「何ぞ役所らしきもの、入りくれ候様に」願っていた。

**C家**　（直之の妻の実家、元高一一〇石・御馬廻組）

明治五年、看板を上げず「内証にて、木綿の呉服物を商い試み」る。仕入高は二〇目（＝米三〇石）ほどであったが、一年ほどで廃業。明治七年には、月給四円の金沢製紙場の雑務懸りになっていた。明治十二年末には「羅卒《ママ》だまりにても、入り候へばよい」と就職活動をしている。

**D家**　（直之の姉の婚家、元高一〇〇石・定番御馬廻）

明治六年末には「家も売払い申すべき覚悟」をしたが、猪山家の資金援助で回避した。しかし、明治十一年には、「とかく、奢りなどふるい、又、会計も悪しく」、家屋を売却し、猪山家に借宅を頼んできたが、成之は「東京出かせぎ中、金沢に家内のある内は、同居貸家はこのみ申さず」と回答している。

**E家**　（直之の姉の婚家、元高一二〇石・輪島御馬廻）

明治七年には、金沢製紙場に勤務。「日雇」で常勤ではなかった。

F家　（直之の姉の婚家、元高切米四〇俵・定番御歩《おかち》）

維新直後、当主の竹中邦香は猪山成之の世話で軍務官判事試補となり、京都大阪裁判所に勤務した。しかし、すぐに職を離れて金沢に帰った。明治五年、再び東京・京阪で猟官活動をして、司法省八等出仕となり、一家を挙げて金沢から大阪へ移住。明治八年には、司法省大解部を辞めて、三井組に入る。明治十一年には米商会社の頭取にもなっている。その後、国文社・白石社など出版事業を起こして本も著した。さらに、水産伝習所を設立して、自ら主事・教員を務め、明治二十五年には朝鮮に渡って水産業を研究講習している。明治二十九年四月二十二日、朝鮮釜山浦で死去。五十五歳。（『明治過去帳』）

G家　（直之の娘の婚家、元高一五〇石・御馬廻組）

明治初年、当主の沢崎護は金沢県権少属として金沢市中の民政にあたる。妹は越中の廻船問屋に嫁いだ。その後、要用会社（銀行類似業務会社）を通じて、九谷焼の輸出事業をはかる。護と直之娘お辰の間にできた長男、沢崎寛猛は海軍機関学校・兵学校に入学。艦政本部に入って海軍大佐。東京に移住。（「万朝報」大正三年二月十八日付）

H家　（直之の実兄の養家・輪島御馬廻）

詳細不明、おそらく無職。家禄で暮らす。

猪山家の親戚たちを見る限り、士族たちは実にさまざまな道を歩んだことがわかる。たしかに「没落」したかに見える家もあるが、到底、その一語では片付けられない。猪山家の親戚たちについては、次のようなことがいえる。

まず、確実にいえるのは、官員として出仕できた士族と、できなかった士族では、収入と生活に天と地ほどの差がでた、ということである。例えば、明治七年、海軍省出納課長（猪山成之）の年収は一二三五円。これに対し、金沢製紙会社雑務懸り（西永常三郎）の年俸は四八円であった。明治七年時点の一円は大工の賃銀水準から計算して、現在の約三万円にあたる。つまり、海軍に出仕できた猪山家のような家は、年収が、いまの感覚で三六〇〇万円にもなる。対して、官員になれなかった士族は年収がわずか一五〇万円ほどである。これが士族にとっての明治維新の現実であった。新政府を樹立した人々は、お手盛りで超高給をもらう仕組みをつくって、さんざんに利を得たのである。官僚が税金から自分の利益を得るため、好き勝手に制度をつくり、それに対して国民がチェックできないというこの国の病理はすでに、この頃にはじまっている。とにかく官員の月給があるかないかが、士族にとって運命の分かれ目であった。そのため、多くの士族は政府・県庁への出仕を切望した。収入も多く、名誉な職業と考えたからである。しかし、官員への出仕は狭き門であり、目立った学才と弁舌、縁故と周旋がなければ、かなわなかった。しかも、政府の官員になるには、東京や西京（京都）・大阪へ出て、然るべき筋を頼り、猟官運動をしなければならず、そのうち滞在資金が尽きて帰郷する者が多かった。

八家のうち官僚・軍人になったのは、猪山家（海軍省）、F家（司法省）、G家（海軍）の三家である。猪山家の縁故が影響して、おそらく士族の平均よりは高い割合になっている。ただし、G家が海軍勤めになったのは子供の代である。艦政本部で伯父成之と同様に兵器弾薬の購入にあたっている。

親戚のうち、猟官に成功したのは竹中邦香だけである。これは成之の縁故と学才が効いている。F家の竹中は加賀藩の公事方で「刑律上に献策」（墓誌、『明治過去帳』）などをする論客であった。成之の世話で「軍務官判事試補」になった経歴が効いたのだ。しかし、職を免じられて金沢に帰り、「竹中其許役員心がけ、彼是周旋頼み遣わしこれあり候えども……待居り候ては運びも付申さず、兎も角も当十七日此許（金沢）出立、其表（東京）へ出懸け」（①明5・8・12）猟官活動をしている。「旅費等、左内様（成之）より借用いたし」というように、このとき猪山成之から借金をしたようである。そして「司法省刑獄懸り八等出仕」となっている。「アタマより八等出仕とは……福岡（孝弟、司法）大輔などの引きこれ有る故」であり、「なかなか一通りにては左様の都合に参るまじく」（①明5・10・19）と直之は評している。

事実、この種の猟官活動は失敗のほうが多かった。竹中は都合がよければ、「（B家の）稔一儀も然るべき役員に出したく」（①明5・10・19）と考えていたが、これは失敗した。直之は「野村蘭作等も失望にて近々帰り候由……頃日、手を出し候ものへ仕合を致し候話は、一向、聞かず」と書いている。石川県士族は東京で就職活動をしては失望して帰っていたのである。成之のもとには就職斡旋の依頼が集中し、さきの野村などは「毎度（成之宅に）参上、御難題を願いたてまつる旨にて、金拾両持参」（①明5・8・28）し、直之のところに御礼と滞在費を払いにきたという。

**興隆する者、没落する者**

一方、「士族の商法」を試み、失敗した事例もみられる。B家とC家である。いずれも、明治五年という早い段階で商売に手をだし、一年で失敗して撤退している。その後は、官員出仕や会社勤務を希望するに到るのも共通している。

商売が失敗した原因は、資本が小さく、知識と販路を持っていなかったためである。くわえて、商売を恥とする考えが根強く、C家などは驚くべきことに「看板も上げ申さず」に呉服屋をはじめていた。資本がないので仕入れが少なく、商品が「不足様子故、注文これあり候ても在り合わせず」、「唐物など仕入れ候えば都合もよろしく候えども、さほどの力も無」い商売であった（①明5・7・2）。これでは成功するはずがない。親戚・知己を頼りに半年ばかりは、なんとか利潤を出したが、すぐに行き詰まったのは当然である。官員になれず、やむなく商売に手を出しており、商売そのものに魅力を抱いていたのではなかった。

このような士族の窮乏を救ったのは、「親戚の援助」と「授産事業」であった。士族授産は否定的な評価が多いが、猪山家の親戚たちには貴重な働き口であった。C家やE家は士族授産の金沢製紙場の「雑用懸り」や「日雇」となり、糊口をしのいだのである。

無職のまま、ほぼ「家禄」だけで暮らした家もある。D家やE家はフルタイムの定職に就いた形跡がない。明治五年、猪山家の家禄収入は約一一七円である。もっとも、これは直之（元高一八〇石）と成之（切米四〇俵）の給禄をあわせた金額である。猪山家の親類は元高一〇〇石前後から、最高でも一五〇石だから、年間の家禄収入は五〇円～一〇〇円（現在の一五〇～三〇〇万円）ほどであったと考えられる。月給や雑収入をいれても、年収が一五〇円を超える家はなかったであろう。ところが、ひとり猪山家だけは海軍の給料があるため、年収が一三〇〇円（現在の三九〇〇万円）をこえていた。親戚たちが、こぞって猪山家に援助を求めたのは、そのためである。

事実、官員になれなかった士族は、かなり高い確率で、家（拝領屋敷）の売却を迫られた。家禄が減っても、これまでの生活は変えられず、家計を悪化させたためである。B家とD家は家売却の危機におちいり、それを救ったのは東京の成之の年俸収入であった。「これと申すも東京の余慶ゆえ」と親戚中がよろこび、直之は「我等は老衰の今日、一年にても縁者内輪の歓喜の顔を見ることほど、嬉しきことはこれなく候」（①明7・1・6）と感謝の言葉を述べている。しかし、このような援助には限界があり、明治十一年頃になると、さすがに冷たい反応をみせている。

金沢で懸命に暮らしを立てる親戚がいる一方で、官僚や軍人になった家々は、東京や大阪など大都市に移住していった。明治十年代になると、新しい国家制度に居場所をつくった官僚軍人の士族（猪山家・F家・G家）と、それから外れた非役残留の士族（B

家・C家・D家・E家・H家）に二分されている。

この二つの士族を園田英弘氏は「郡県の武士」と没落士族とよぶ。明治十四年の『帝国統計年鑑』によれば、明治国家で官職にありつけた士族（郡県の武士）は一六%で、八四%の士族は官職からもれた（園田『西洋化の構造』思文閣出版、一八〇頁）。官僚軍人になる士族は、官への強い志向をもち、近代化に有益な学識才能に恵まれ、人脈縁故があり、官途に就くための周旋力・折衝力をもつ必要があった。このような条件で士族は、新時代の支配エリートと、そうでないものに、分別されたのである。

思うに、江戸時代の猪山家は、由緒家柄を重んじる藩組織のなかで蔑まれ続けてきたソロバン役という「賤業」についていたからである。ところが、幕藩社会が崩壊し、近代社会になると、この「賤しい技術」こそが渇望され重視されるようになった。由緒や家柄は藩内でのみ通用する価値である。藩という組織が消滅すれば、もう意味がなくなる。しかし、猪山家の会計技術は藩という組織の外でも通用する技術であった。この違いが猪山家を「年収三六〇〇万円」にし、由緒だけに頼って生きてきた士族を「年収一五〇〇万円」にした。

# 第六章　猪山家の経済的選択

## なぜ士族は地主化しなかったか

明治維新は、士族にとって「これからの生き方」を選ぶきっかけになった。これまでは武士になるのが宿命であったが、これからは、官吏になる、商売や事業をはじめる、あるいは農地を経営するなど、さまざまな選択肢が生じた。

フランスではあれほど激しい大革命をやって、幾多の貴族を断頭台で処刑したが、やはり貴族の地主経営は完全には消滅していない。ところが、日本では士族が地主階級に転化せず、別の道にすすんだ。なぜだろうか。また、明治維新によって、旧武士はそれまで禁止されていた一般向けの金融業や借家業、商業や農地経営が許されたが、大抵の場合、成功できなかった。

なぜ、そういう結果に終わったのか。その答えは難しいが、猪山家文書のなかにはヒントが隠されている。実は、猪山家も維新後に地主になろうとしたが、さまざまな条件が、それをあきらめさせている。

地主化を検討した時期は、かなり早い。明治五年五月である。猪山家では孫に「乳母」を雇っていたが、その父から「石川郡押野村に高十二、三石の土地を売払したがっている者がいる」（①明5・5・12）との情報がもたらされた。価格は藩札二五貫目（金札［新政府紙幣］で一五〇円、米で三八石ほど）であった。高一二～一三石の農地からは三割の小作米（三・七五石）が取れた。つまり、この農地を買うと「年々に一貫目（藩札一〇〇〇目）につき壱斗五升（藩札九九目）の作徳（小作米）」が得られる。「利足に懸け候へば壱歩ばかりに当り申候」というように、年利回りが約一〇％になり、村役人が連印さえすれば、村外の士族でも農地は難なく買えるという。

ところが、猪山家は次の理由で購入をやめている。㈠凶作時に小作人が「色々申立」て約一〇％の利回りが六・六％～三・三％しか取れない。㈡銀子も二五貫目にもなると「調達も急々には出来ず」、㈢「万一、徳政など出候ては一も二もなく」農地を取り上げられるおそれがある。㈣農地価格が下落して「それだけの損」になる可能性がある。

農地購入に強く反対したのは、直之の妻お駒であった。お駒は「高持は結構なるもの」には違いないが、「利足に懸けては細きもの、豊凶打ち込み七八朱」つまり、七～八％の利回りにならなくては話にならないといい、市内に借家を買おうといった。市内の借家であれば「心世話もこれなく、利足も倍に上がり候」というのである。市内の借家経営では農地の二倍の利回りが見込めたらしい。こうした議論を通じて、こののち猪山家は金沢市内で借家経営をする方針をとった。

猪山家のこの動きは、士族の地主化の可能性を考えるうえで示唆的である。士族が地主化するには土地を買わねばならない。しかし、士族が城下町周辺の農地を買い占めて地主化することなどは現実には不可能であった。例えば、百石取りの士族がこれまで同様に、高一〇〇石の農地を支配する地主になろうとすると土地購入に一二〇〇円（現米三〇四石）が必要であった。普通の士族にとって、この金額は到底用意できない水準である。裕福な猪山家でさえ、この八分の一の農地を買うことを躊躇したのである。

もし資金調達ができても、これほど広大な農地を農民から短期間に集積するのは至難の技であった。とかく農民は条件の良い土地は手放さないものである。開墾地でもなければ、士族の入り込む余地はなかった。また地主経営にはノウハウも要るし、一二〇〇円の投資をしても、年々の小作米は悪くすると一五石（利回り五％＝六〇円）にしかならない。

結局、日本で旧支配層が地主経営をするには、㈠莫大な資金力と、㈡後発参入が可能な広大な土地の二つが必要であった。そのため、日本では、華族などが大きな資金で、開墾地や北海道、植民地のようなフロンティアに農場を開く場合でしか、旧支配層の地主経営というものは成立しなかったのである。

実際、士族が購入できた農地は、せいぜい高十数石であり、この面積では現地に入植して自分で耕作しなければ生活できない。「山本彦蔵は森下辺に高十三石求め、自分そそぎを持ち、金沢の家を引き建て候様子」と直之は書いている。直之自身「農にて業を遂げ候時は、いづれ在郷致さずては十分なること出来申さずよし……いづれ考えものと存じ候」といっている。直之は年老いており、農作業には向かない。ただ、政変が続くなか、東京での海軍省勤務も不安定であり、さまざまな生計の可能性を探っていたのである。

しかし、農地を買って失敗した士族の噂も聞こえてくる。「関沢は八田竹田辺に高を求め、大損を致し候と申す沙汰承り」というようにである。結局、まだ給禄も下されているから、農村部などに「染め込み申さず、ただ一日過の事に」（①明5・6・7）した。

猪山家は、その後も農村地主をめざすことはなかった。また、親戚の失敗をみていたから「士族の商法」にも手はださなかった。直之は「年寄候ては手荒き仕事も相成らず。ただ居り候へば、寝るばかり。商法をする器量もなし」（①明6・2・4）と書くが、実のところは息子が高収入を得ているため、とくに商売をする必要がなかったのである。

## 官僚軍人という選択

では猪山家は何をめざしたのか。第一に、猪山家が選んだのは、子供を東京で教育し、次の世代も海軍などの官僚軍人として定着していく道であった。これは当然といってよい。一二〇〇円の農地を買って、地主になっても年収は六〇円である。一方、海軍省に入れば、成之のような七等官・八等官でも年収が一二〇〇円にもなる。

農地を買うことをあきらめた明治五年八月。猪山家は、東京に家を買うことを決断している。維新の混乱で、東京は一時、人口が激減し地価も下がっていた。しかし、首都になったため、このころになると「家の売札もこれなく、貸屋もなし、人口の増すこと日々おびただしき事」になり、「今年は家の代、三倍にも至」った。東京の家の値段が三倍になったというのである。

一方、金沢では百万石の大藩がつぶれた余波がつづき、地価の下落が続いていた。「此許（金沢）は去年と今年は家の価……五の一位に」なり、「今もって毀家流行《こぼちやりゆうこう》」で武家屋敷の取り壊しが進行中であった。そこで、直之は「其許（東京）は追々盛んに成り候事、今求め、至って万一、後して売り候ても値段も下がり申すまじく」（①明5・

8・12）といって、成之に東京で不動産を購入するようにすすめた。

十一月になって、海軍省の勤務先に近い芝栄町三番地に「三百坪ばかり」の家を「地代百十両（金札一一〇円）に決断」して買っている。この場所は現在は東京タワーの下であるから、今思えば、ただのような値段である。私はこの土地が現在の芝公園三丁目六番地にあたることを割り出し、その場にいってみた。大きな教会になっていた。聖アンデレ教会と書いてあった。日曜になれば、きっと結婚式でにぎわうのだろう。「東京は追々盛んになるから、買っておこう」という直之と成之の見通しは見事に的中した。ちなみに金沢にある猪山家は敷地が一四七坪だったから、三〇〇坪の家は「大き成る屋敷」（①明5・11・28）と直之には思えたようである。

余談だが、金沢古寺町の猪山邸には、明治六年一月、地租改正にともなって地券が発行されている。「旧領主よりの拝領地と称する地所は、更に払い下げ候儀には、これなく」（①明6・1・19）とされ、無償で猪山家のものになった。一四七坪で七円四五銭三厘の地券を得ている。簿価は坪一〇〇文である。片町付近は坪五〇〇～一〇〇〇文。近江町は坪一円（約二〇〇〇文）であったという。

当時、金沢では、すべてが瓦解していくようであった。毎日、建物が取り壊されていく。金沢城の櫓《やぐら》も例外ではなかった。そのなかで、老いた直之は不満や不安も抱く。なかでも、家禄の廃止への不安は大きかった。息子の収入があるとはいえ、やはり自分の家禄の先行きは不安らしく、手紙に多く綴っている。明治五年には、士族の家禄はまだ支給されていた。しかし、金札で支給されはじめた結果、士族の家禄は実質的な減額となった。

金沢では金札での家禄支給が決まると「金札にわかに下落いたし」(①明5・8・28)、金札一両が一九七、八匁まで落ちた。また、米も諸物価に比べて暴落した。士族の家禄は過去三ヶ月の米価を基準に金札をまぜて支給されたから、相対米価の下落は大打撃であった。野菜魚類・大工作料・日雇賃金は変わらないのに、米価だけが下がった。

此許(金沢)、米は次第下落、一頃は三百八拾目位に下り候。此頃は四百目位と申す事。しかし、その外の諸色は一向下り申さず、大豆小豆は矢張り壱升七八百文位、その他、野菜魚類などは米壱貫目の時分と一向替り申さず。(①明5・9・5)

米価が四割に下がったのに、諸物価はそのままであったという。米は年貢の側面をもつ特殊な商品だったから、藩体制が崩壊すると価格が不安定になった。従来、藩庁・士族が消費していた年貢米が、どっと米穀市場に流れ込んだ。金沢のような日本最大級の城下町では、とくに米の値崩れが激しかった。米価だけが四割に下落すれば、士族の実質収入は四割に低下する。これに加えて、家禄として渡された金札も相場が下落したのだから、まさに泣きっ面に蜂であった。

直之は「金をもうける事を存ぜざる、我等如きものは、給禄の代、次第に少なく相成り候ところ、高貴の品を求めるにて、難渋の至りに候」(①明5・9・5)と言っている。さらに明治六年には家禄を「すべて十両札等にて渡」したため、士族は「いずれも、くどかぬ(不平を言わぬ)者は無」くなったという。「何の役にも立たぬ士族に家禄を遣わ」すのは、新政府は「費《つい》えの様に思」っている。だから、いくら士族が「難渋するのも貪着(頓着)なしと察せられ」(①明6・1・29)る、と直之はいう。

息子が海軍省に出仕し、新政府の恩恵を最もうけている猪山直之にしても、新政府への不満が膨れていったのである。

鉄道開業と家禄の廃止

明治五年九月上旬の時点では、直之は「今、三年五年にて全く廃禄にも相ならざる体」（①明5・9・9）と考えていた。しかし、この月から大きく考えを転換している。成之から送られた手紙と新聞で「東京より横浜まで鉄道お開き」の情報が伝えられたことがきっかけであった。成之が鉄道開業式を見物してきて、直之に「新政府は鉄道事業など文明開化に資金がいる。やがて士族の家禄などは廃止になるだろう」という趣旨の手紙を書いたようである。鉄道開業式のニュースは直之を本当に驚かせたらしい。このときの直之の返書は興味ぶかい内容なので現代語訳する。

「また、思いもよらないことが起きるものである」と、あきれました。（新政府は）僅か十里ばかりの鉄道開業にすら、これほどの開業式をされ、幾多の黄金をお遣いになるのですから、なるほど我々のように今日安然として居る者（士族）へ家禄を下し置かれていたのでは天下の算計が立たなくなるはずだ、と恐察いたしました。我等は先代のお陰で今日まで家僕を養っています。そのうえ今朝は茶友六、七人が来て、ゆるゆる話をしました。このように時間を送るのは勿体ないとは思うのですが、老輩連中なので何を企てる元気もなく、このまま死ぬしかありません。ただ、

（孫の）綱太郎はじめの成長を念じて、『大学』の一字をも教え、また強情を叱り、あるいは遊び相手になるだけです。綱太郎は私の坊主頭を指して「耳たこ、耳たこ」と言って笑うので「左様に悪口すると菓子をやらん」と言うと止めました。面白いものです。これら（孫への教育）が「当今、我等の奉公」と心得て居るところです。（①明5・9・29）

直之は鉄道開業の様子を聞いて、自分が時代の遺物となったことを悟ったのだ。新政府のめざすものが、鉄道開業に代表される文明開化であり、これには莫大な予算がかかること、そのため、安然として何もしない士族の家禄は削減されざるを得ないこと、を悟ったのである。そのうえで、孫の教育だけが、唯一、自分にできる国家への奉公である、と表明している。

太陽暦が導入された明治六年正月になると、直之は「今、一両年の内には、まるでヨウロッパ同様に相成べく候。定めて上（政府）には華士族も廃し、四民同体となし、米屋も廃し、麦作のみにてパンを喰わし、官員に限らず筒ダンを着せたき思し召し」（①明6・1・19）であると書いている。もう何が起きても不思議ではない、と思うようになっていた。

二月になると「士族廃称」との噂が立った。士族呼称の廃止である。「かねて覚悟の前」ではあるが「実否が心もとない」(①明6・2・19)として、東京の成之に真相を尋ねている。明治六年に入ると、家禄の廃止だけでなく、士族制度の廃止さえも覚悟していたことがわかる。新政府の文明開化政策に士族は戦々恐々としていたのである。

直之は「廃禄の説は新文紙《ママ》にも数度、論も有り」、もはや「天下の人心」が士族の家禄全廃を支持していると正確に認識していた。新聞の影響は大きい。士族自身も新聞の論説で家禄支給の問題点を自覚し始めていた。直之自身も「新聞紙に申すごとく、何の御奉公も致さずして、座食候義は勿体なき義、天下に御目をつけられても、もっとも成ること」(①明6・6・9)と書いている。しかし、その一方で、士族の「活計の道も立てずして、廃禄に」追いやるのは、皇国の「万民保安の御趣旨」に反する(①明6・5・29)と考えていたのであった。

しばしば、直之の手紙には新聞が情報源として登場するが、これは東京の息子に送ってもらった「東京雑紙・日新真事誌」である。親戚の「西永・清水・吉崎等にも時々見させ」(①明5・10・8)ていた。文明開化には不安もあったが、新聞を通じて新しい事物を見聞するのを、かなり楽しんでいた様子がうかがえる。

ただ、直之は政治には不満足であった。小学校・病院・官員給与などに費用がかさむ政府の財政事情は理解しており、「廃禄なれば廃禄の覚悟」（①明6・7・6）は出来ていた。しかし、士族仲間の没落をみるにつけ、不満をつのらせていたのである。血税反対一揆などが各地で起きるたびに、直之の茶室にあつまる友人たちは、みな悦に入っていた。「いずれも因循（旧習に凝りかたまっている）家ゆえ、愉快の体に相見え、『また も何国に乱起こり候て面白かるべし』など」と言っていたのである。

猪山家が「家禄だけでは生活できない」とはっきり認識したのも、このころであった。もっとも成之の仕送りがあるため、直之は悠々と暮らせるのであった。

## 孫の教育に生きる武士

明治六年二月、直之は隠居した。なぜ隠居を決意したのか。「やはり古昔ものは古陋」であり、時代についていけないからだ、といっている。しかし、今のような時節に家督を譲るのは「心外」だが「御一新の折柄なれば、是非もなし」（①明6・2・19）ともいっている。

士族が隠居し家督を譲るには県庁の許可がいる。内々に隠居の旨を伝えると、石川県権令内田政風の名で呼びだし状がきた。「二十四日午前十時に礼服着用で出庁これあるべし」とある。藩政時代と同じように、直之は請状を書く。家督相続人の成之は東京にいるので名代人と出庁すると答え、成之の名代は知人の士族松波清馬に頼んだ。当日、直之は一時間早く朝九時に県庁についたが、結局、三時間も待たされた。受付に案内されて、内田権令の前に出て「家督無相違下賜候事」と「隠居願之通聞届候事」の書面を渡された。

藩政時代には家督の書面は「判物」といって藩主の花押がすえてあり、神仏のように大事にされていたが、今回渡された書面には藩主の花押はない。「石川縣」とあり、朱印が押されているだけである。前田家当主と猪山家当主との主従関係が、石川県とその士族という貫属関係に変わったことを示していた。まさに廃藩置県を映している。直之は薩摩出身の内田権令に好感情を抱いていない。日頃の態度が横柄だと手紙にも書いている。目の前の権令には申し訳程度に「目礼」だけして、その場を去っている。

鉄道開業などで文明開化の流れを悟り、隠居を決意した直之であったが、どうしても納得できない政策もあった。その一つが「太陽暦の採用」である。改暦前後の直之の姿は本当に痛々しい。太陽暦をつきつけられて、直之は「鮒の藻刈りに酔いたる体」つまり、自分は住処を奪われて息も絶えだえになった鮒のようだ、と言って苦笑している。新政府の開化政策は直之には「ヨウロッパ同様になること」と意識されていた。鉄道などはその利便性を理解するが、服装や食事・暦など生活習慣に及ぶと、一転、強い抵抗感を示す。

前述のように、猪山家の一年は武家の年中行事で埋めつくされている。先祖の忌日、正月の祝いなど、決まったパターンが反復されてきた。そのため、暦を改められてしまうと、混乱してしまう。十一月二十日になって急に「来月三日が年頭」と沙汰されても困るのである。「天と地、海と陸が逆さまになるとは、このことだ」と言って、本当に悩んでいる。

ただ注目すべきは、直之は「上《かみ》（県、新政府）」に不満を抱きつつも、難題にぶつかると、一貫して、上の「御沙汰」をうかがいながら行動していることである。改暦の苦悩に直面して、直之は興味深いことを言っている。国風というものは、上より下《しも》に及ぶものである。上は年頭行事も全て洋風にされたので、下もこれに準じ、人の（身分の）軽重に従って、その風に随えばよいと思う……しかし、（上の意図が）全く洋風かといえばそうでもない。大礼の時、政府高官の人は祭服に衣冠を着るとある。だから、上の御様子も推測しがたい。「さすれば、自己の了簡をもって極めるより外なし」（①明5・11・28）というのである。

おそらく、このような考えは直之だけのものではない。士族層の行動パターンの問題であろう。多少の不満はあっても、上の「御沙汰」を常にうかがう。しかし、上の方針が明確でないとみた場合、自己の考えで判断する傾向がみられるのである。また、政府の高官ほど西洋化政策に従う義務が強く、下々ほど義務が弱い、と考えている点も興味深い。

### 太陽暦の混乱

直之は「権令殿の白山社参拝・金沢四民の年礼は太陽暦で行われるが、私的な年礼には何の沙汰もない」と悩んでいる。もっと悩んだのは、直之の妻である。「正月は、いかように致しましょう。餅をついたり、煮物を煮るのも、突拍子ですし」と聞いてきた。直之は「餅は喰うに及ばず。神前へ参拝。先祖の雲前へ祭礼するくらい」（①明5・11・28）と答えている。

明治六年の正月は、恒例の門付けも物乞いも、厄除けの山伏もこなかった。「実に文明とは、この事かと存じ候」という感想であった。太陽暦にあれほど抵抗感をもっていたのに、その時になってみれば、あっけない。女性と子供は落ち着かないらしく、六日には、直之に黙って、餅つきをしてしまった。「いつの間にやら、いつもの鏡餅でき、床に飾」ってあった。直之は「随分、面白きものに候」（①明6・1・9）と笑っている。

二月には、直之も観念したらしく、「先祖の忌日」も太陽暦にきめた。閏月を繰り合わせられない、いまさら古暦を取り出すのも紛らわしい、というのが、その理由であった。抵抗が大きかったと言われる太陽暦であるが、生活の現場では、理屈よりも逞しく時勢に合わせて生きていく人々の姿があったといえよう。

三月になると、猪山家では食事も文明開化してきた。「頃日、我等、養生かたがた牛を毎夕喰い申し候」と、毎晩、牛肉を食べ始めたのである。士族仲間が牧牛会社をはじめ、猪山家も出資していた。そこから牛肉を取り寄せて、孫と一緒に食べる。長孫の綱太郎は「大好物にて御相伴をさせ候ところ、近頃、いよいよ壮健」になった。次孫の鉄次郎は牛肉は「あまり好みも申さず」であったが、「丈夫の生まれつき」であった。「両人ともカゼひとつ引き申さず」「栗々としたる男に成」ったといって喜んでいる（①明

6・3・13)。牛乳は牧牛会社に毎朝飲みに行く。孫を連れて飲みにいった。「隣家の神田も昨年より牛乳にて大きに功を取る」(①明6・7・18)というように、金沢市内の士族たちはこの頃から盛んに牛乳を飲みはじめていたのである。ただ、近親の祥月命日には牛乳を飲むのを控えていたところが面白い。

たしかに、没落や不平も士族の一面であった。しかし、士族は都市生活者であり、授産事業などを通して、文明開化の新しい文物に接し、いちはやく、それを楽しんでいた面も忘れてはならない。明治八年春には、それまでの尺時計にかわって、フランス製の西洋時計を五円ばかりで買い、ネジをまくのが猪山家の日課になっている。

### 天皇・旧藩主への意識

この時期の問題として気になるのは、士族が旧藩主や天皇に抱いていた意識である。直之は旧藩主を必ず「旧君」と呼び、天皇のことは「主上」もしくは「皇上」と尊称する。形式上も、前田家が旧主君、天皇が現主君との認識を標榜していた。しかし、直之の手紙を読む限り、忠誠のベクトルは天皇よりも、依然として旧藩主に強く向けられていたと言わざるを得ない。士族の忠誠心は速やかに旧藩主から明治天皇に移すべきものとされたが、実際問題として、それはスムーズな移行ではなかった。
端的な例が正月年頭の意識である。前近代の日本では、正月が主従関係を再認識する契機になっていた。正月には年頭行事があり、公家は天皇に、大名は将軍に、藩士は大名に、つまり主君に拝謁して主従関係を確認した。つまり、正月に拝謁する相手が自分の主君という構造になっていた。

実は明治初年の猪山家をみると、旧藩主への「拝謁」が欠かせない要素になっている。まず、東京の成之は正月二日に根岸の前田邸に参上し、御居間で旧藩主に拝謁した。一方、金沢に居て拝謁できない直之は旧藩主揮毫の軸を元日から自宅の床の間に掛けて、やはり「拝謁」の真似事をするのであった。正月に藩主から盃を賜るのが忠誠儀礼であったから、「元日には床に中納言様（旧藩主）御筆をかけ、御鏡・御酒をそなえ、御酒下《し》たを終日頂戴いたし、年賀を祝し」（①明7・1・6）た。正月に盃を傾けるたびに「いつもの春の心持にて太平楽にてありがたく、これも旧君のおかげ」（①明6・1・9）と意識していた。世の太平と自分の安泰は旧君のおかげであり、天皇のおかげとは認識していなかったのである。

東京の成之が寄せる天皇の近況には「恐悦」「恐入候」と答え、関心もみせる。しかし、それは多分に形式的な尊敬であり、心から崇敬の念を抱いているとは思えない。神武天皇即位祭典、天長節、招魂祭礼、巡幸など儀式のニュースを通じて、天皇を認識しているにすぎない。時には「恐れながら、皇上も、いまだ因循の様に思われ候」（①明6・2・4）といったりして、旧藩主には絶対に向けないような批判の目を、明治天皇には向けていた。

そんな直之も、天皇の官位叙任には敬意を払っていた。明治六年三月、成之は海軍省七等出仕となり、ついに「奏任官」となった。十一月には従六位に叙任された。もはや戊辰戦争以来、連続して勤務する官員は、成之など四、五人であり、順当の昇進であった。海軍省は大所帯になっており、昔、成之たちが戦争中に二、三人でやっていた仕事を今では四十五、六人でやっていた。猪山家では奏任官昇進と官位叙任を大変な名誉と考えていたようであり、大騒ぎになっている。

金沢の家族は「大悦びいたし」、母などは「別して雀躍いたし悦び」とスズメが飛び跳ねるように喜悦し、総勢七十人の大祝賀会を開いた。直之は「縁者親友への面目このうえなく候」といい、「家においても未曾有の歓びごと限りなく候」（①明6・3・28）という。

なぜ、これほど喜んだのか。藩政時代、加賀藩では国家老だけが官位叙任をうけ、威を誇っていた。「今度の昇進は判任中と違い、従前のことを申せば、平士より叙爵に登るに当たるべし」（①明6・3・18）というように、猪山家はついに国家老に肩を並べるほど大出世したと考えたからである。十二月には正式に「位記」が発給され、成之は金沢の家族に送っている。直之は「これも旧君のおかげ」であると喜び、東京の前田家にご機嫌伺いに参上することにした。

猪山家は新政府のおかげで位階と俸給を保障された。それでも直之は政治に不満が大きかった。政府の議論は「尻の地に付かざる時勢」を誘発していると考えていたし、政府の参議がかわるたびに「天下の処置替わり」、確定がないことに不満を抱いていた。

直之は内心では島津久光に代表される保守的立場に共感していた。久光が新政府に「やはり大名・少名を立て置かれ、以前の姿になくては相ならず」（①明5・9・19）という意見を上申してくれると期待し、明治六年に久光が上京したときには「定めて又々天下一変……必ず面白き変政も出申すべく」（①明6・4・29）と楽しみにした。久光の供連れが双刀を差し、東京で刀を買う姿に激しく感動している。直之自身も日頃から「無袴一刀」で金沢市内を徘徊した。金蒔絵で蝶三羽を描かせた豪華な刀を差して町を闊歩するのが楽しみであった（①明5・8・2）。そして、久光の意見上申が不調におわると、見るも無惨なほど落胆している。

直之は征韓論による西郷辞職時の混乱などは「皇国の浮沈に到る……おろか無論次第」（①明6・11・14）と評しているが、情勢を正確に認識していたかといえば、そうではない。昔ながらの攘夷家のそれに近かった。息子が海軍省に勤務していながら近代海軍の実力を理解しておらず、「万一、征伐と成り候時、（加藤）清正公の勢いを成すものあるなく、おぼつかなし」（①明6・1・9）と、本気で考えている。成之が「彼国（朝鮮）は、いまだ不弁にて日本の二十年以前の形勢」とみて、国家制度・軍事力の差から状況を冷静に分析していたのとは対照的であった。直之も、他の不平士族と同じように、多分に感情的な「朝鮮征伐」論のなかにいた。

## 家禄奉還の論理

明治六年十二月、新政府は「家禄奉還」の制度を布告した。㈠家禄奉還を申請すれば六年分の家禄を一度にもらえる。㈡半分が現金、半分が公債証書（年利八％）でもらえる。㈢それ以後の家禄支給は打ち切られるが、士族の族籍は維持される。㈣家禄一〇〇石未満の者だけが申請できる。家禄奉還とは、このような制度である。

猪山家の改正家禄は現米四五・二四七石（約一三五円）だから奉還を申請できる。悩んだに違いない。残念ながら、その悩む過程を示す史料は残っていないが、下した結論はわかっている。家禄奉還を決意したのである。明治七年十月一日、猪山家は「最後の家禄」を受け取った。家禄一三五円の六年分。現金四〇五円および公債証書四〇五円（年八％利付）である。

猪山家が家禄奉還に応じた理由は想像がつく。第一に、家禄廃止は遠くないとの認識があり、六年分の一括支給は確実で有利とみた。第二に、俸給収入が別にあり、すでに家禄に全面依存しない生活になっていた。第三に、資金運用の術を知っており、家禄をチビチビもらうより、まとまった現金を手にするほうが有利、と考えたからである。

一旦、奉還すると、もう家禄はもらえない。自分で資産を活用して生きるしかない。当時、どのような資産活用の可能性があったのだろうか。与えられたリスクや利回りのなかで、士族は資産運用をめぐる経済的選択を繰り返したはずである。結論からいって、猪山家は次の四つの選択肢を組み合わせて、資産運用を行っていた。帳簿・日記・書簡などから、運用方法ごとの「期待利回り」を計算できる。

| （運用方法） | （期待利回り） | （元本リスク） | （流動性） |
|---|---|---|---|
| 選択Ⓐ　農地を購入し地代をえる。 | 7・5％ | 小 | 低 |
| 選択Ⓑ　借家を購入し家賃をえる。 | 13％ | 中↓小 | 低 |
| 選択Ⓒ　会社に預金して利子をえる。 | 15％ | 大↓中 | 高 |
| 選択Ⓓ　親戚知人に貸し利子をえる。 | 20％ | 甚大 | 中 |

明治七年当時、猪山家は資産運用にあたって、右のようなリスク・リターンに直面していた。そのなかで、如何なる資産運用を実現していたのか。結論からいえば、選択Ⓑと©、とくにⒷの借家購入に資金をシフトさせていた。選択Ⓐの農地購入は利回りが低く、選択Ⓓの貸金業はリスクが大きすぎたからである。

つまり、「今、八拾円の家禄を廃され商法をもって活計を立てんとする時……所謂、士の商法、損失多きに到るべし。よって少しの有余金あるを元とし、会社の如き手堅き所へ預け、その利潤をもってなすべき方、利易あるべきや」と選択©の銀行類似業務会社（要用会社）への預金を重視した。預金は利回り一五％だから、家禄八〇円の収入を維持するには「四、五百円ばかり貯用。これあらば、よろしかるべし」と考えた。しかし、「右会社にても何時卒挙（去）も計りがたく、また平民に貸し遣わし候へば、なおもって不安。酒屋・菓子屋等に元入れするとも、その道、覚束なし」と元本を失うリスクがあった。

猪山家は平民よりも士族を信用していたが、しばしば士族に貸した金は貸し倒れた。「病気難渋につき、手を合わせて拝むばかりに」する士族に金を貸したが、本人は病死。「のち一度、利足まで持ち越し、その後、何の沙汰も無」く、返済を請求しても「畢竟、権現堂」になったりした（「会計之記」）。要用会社など銀行類似業務会社も信用不安が大きく、事実、金沢の「為替会社は最早潰れ、これまでの預け金は五十ヵ年賦五朱の利足確定と」なっていた。取引先の要用会社にも不安があり、預金を「残らず引き揚げ置き、当時、土蔵に其儘に」（①明6・5・29）することもあった。しかし、「貯金残らず手元へ引取、土蔵へ納め置き候ては、赤子の大人に成るを得ずの法なり」（「会計之記」）であった。

そのため最良の資産運用法は選択Ⓑの借家購入であった。すでに東京では地価が上昇に転じ、不動産投資の元本割れリスクが著しく低下していた。金沢の地価もそのうち下げどまるだろう。猪山家はそう考え、地価下落が沈静化するのを待って、金沢でも借家購入のタイミングをはかっていたのである。そのうち「要用会社も随分評判よろしく、追々、加入もこれある由」(①明6・5・29) になったので、選択Ⓒの銀行預金もリスクが低下して有利な運用先になってきた。そのため、猪山家では成之の莫大な海軍月給がⒷの借家購入とⒸの銀行預金に投資されていくことになる。

表10は、明治七年の東京と金沢の家計収支である。支出の内訳で注目すべきは、海軍の洋服費用である。剣をつったり、大礼服を買ったりで、実に一四六円を費やしていた。平均的な士族一家の年間生活費をはるかにこえる金額である。成之は海軍という新しい支配身分に入ったが、そこには新しい身分費用が生じていたのである。ただ、幕末の武士と異なって、明治官僚には身分費用を大きく上回る身分収入が与えられた。海軍官僚としての成之の身分費用は、洋服費用に家来の人件費・食費を加えた金額であり、二〇〇円ほどになる。これに対し、身分収入は一二〇〇円ほどである。明治官僚は幕末武士に比べて、はるかに旨味のある「お得な身分」であった。

猪山家は収入一三一五円に対し、生活費は五五七円ほどであったから、毎年約七六〇円もの余剰金が生じる計算になっていた。親戚たちの家禄年収八〇円の十倍に近い余剰

**表10-1、東京の家計収支（明治７年決算）** 単位・円

| | | |
|---|---|---|
| 東京収入 | 月給・貸金返済・御下賜料など | 1235.2500 |
| 繰越金 | | 240.4371 |

| 支出 | 内訳 | 金額 |
|---|---|---|
| 食費 | 飯米6.438石・糠代（通帳２冊） | 66.2830 |
| | 野菜物・魚・肉・菓子・茶<br>食用買入物一切、饗応分共 | 109.2174 |
| 光熱費等 | 酒・味噌・醤油・薪・油・炭等<br>日用品（三河屋払通帳２冊） | 51.0725 |
| 衣料費 | 洋服・大礼服・私服・下着・襟<br>イポレット・剣・着服一切 | 146.3735 |
| 情報費 | 新聞代 | 12.0000 |
| 人件費 | 家来２人給金 | 18.3750 |
| 家賃 | 借地代（宅地南方の隣地） | 13.0000 |
| | 小計① | 416.3214 |
| 建築費等 | 屋敷囲・瓦屋根板・腰廻り修復、<br>地租区入費・筆墨紙・書類の類 | 216.9143 |
| 土地購入 | 隣地買入 | 103.0000 |
| 仕送金 | 金沢へ為替送金 | 570.0000 |
| 貸付金 | 知人へ振替貸金 | 77.0000 |
| | 小計② | 966.9143 |
| | 支出総計 | 1383.2357 |

**表10-2、金沢の家計収支（明治7年予算）** 単位・円

| | | |
|---|---|---|
| 金沢収入 | 家禄 | 80.0000 |

| 支出 | 内訳 | 金額 |
|---|---|---|
| 食費 | 飯米13石 | 26 |
| | 味噌仕込 | 1.5 |
| | 香の物 | 1 |
| | 醤油 | 5 |
| 生活雑費 | 野菜・小肴・食の菜、髪付・本結、<br>足駄・草履、駄賃類・家来小遣い | 30 |
| 光熱費 | 焼油 | 7 |
| | 焼炭 | 5 |
| | 薪 | 5 |
| 住居資材費 | 屋根板等 | 4 |
| 交際費 | 家内歳暮・盆祝、<br>竹中・清水・沢崎肴代 | 8 |
| 臨時・衣料費 | 臨時不時入用、着類、引銭等 | 48.36 |
| | 支出総計③ | 140.86 |

東京・金沢収入＝ 1315.2500
東京・金沢生活費（①＋③）＝ 557.1814

## 表11、猪山家の資産

### ①現金（明治６年末）

| No. | 種別 | — | 円換算 |
|---|---|---|---|
| 1 | 東京の所持金 | — | 240.4300円 |
| 2 | 金沢の勝手向金 | — | 61.6305円 |
| 3 | 浮贏金 | — | 100.0290円 |
| | 小計 | | 402.0895円 |

### ②預金・出資金（明治６年２月）

| No. | 預金・出資先 | 貫文 | 円換算 |
|---|---|---|---|
| 1 | 要用会社の預金 | 3500 | 175円 |
| 2 | 要用会社の預金 | 2100 | 105円 |
| 3 | 要用会社の預金 | 6500 | 325円 |
| 4 | 九谷焼事業へ投資 | 400 | 20円 |
| | 小計 | | 625円 |

### ③貸付金（明治６年２月）

| No. | 貸付先 | 貫文 | 円換算 |
|---|---|---|---|
| 1 | H家（親戚） | 300 | 15円 |
| 2 | n家 | 300 | 15円 |
| 3 | B家（親戚） | 800 | 40円 |
| 4 | k家 | 100 | 5円 |
| 5 | s1家● | 1500 | 75円 |
| 6 | G家（親戚） | 300 | 15円 |
| 7 | h家● | 350 | 17.5円 |
| 8 | s2家 | 230 | 11.5円 |
| 9 | I家 | 200 | 10円 |
| 10 | s3家 | 200 | 10円 |
| | 小計 | | 214円 |

備考：1円＝20貫文　●印＝不良債権　出典：「会計之記」
　註：他に、おそらく成之の貸付金がある。

### ④不動産

| No. | 種別 | 面積 | 取得価格 | 取得年月 | 備考 |
|---|---|---|---|---|---|
| 1 | 金沢・本宅 | 147坪 | 227円評価 | 拝領地 | 直之居住 |
| 2 | 東京・別宅 | 300坪 | 110円 | 明５・11 | 成之居住 |
| 3 | 東京・別宅隣地 | 267坪 | 103円 | 明７ | 成之居住 |
| 4 | 金沢・持家田地 | 高24石 | 561.25円 | 明７・３ | 年貸56円 |
| 5 | 金沢・持家 | 233坪 | 360.50円 | 明８・８ | 年貸48円 |

明治６年の総資産（①＋②＋③＋④No.１とNo.2）＝1578.0895円

出典：「猪山直之書簡」「猪山直之日記」「浮贏金簿」
　　「明治七年中差引勘定概算」

金である。

この余剰金は、どのように運用されていたのか。表11のようになっていた。明治六年の猪山家の資産である。手元現金（四〇二円）もあったが、まず要用会社に預金される（六〇五円）。その預金利子で親戚知人への貸金（二一四円）がなされていた。ただ、このリスク・マネーは大きな金額ではない。金額が膨らんでいったのは不動産投資であった。

成之は東京にあって不動産競売の入札に頻繁に参加している。落札できないことが多かったが、金沢では現実に借家を購入できた。落札した物件は金沢の有名な士族結社である「忠告社」の集会所に貸している（表中の不動産No.5）。猪山家は忠告社の大家でもあった。

## 子供を教育して海軍へ

猪山家は富裕になった。家来も東京に二人、金沢に二人雇っている。孫には乳母がついていた。明治六年になっても、金沢の士族で男女両人の家来を置いていたのは、藩政時代に「五六百石以上位、従前家来十人以上も召し置」（①明6・1・19）いていた旧門閥重臣の家に限られていた。息子は昔の国家老のように官位叙任され、家来も旧門閥より多く置いた。直之は「これと申すも御手前（成之）結構に相勤め候ゆへ、我等はじめ不自由にも及ばず相暮らし」（①明6・3・13）といっている。

明治十一年に家禄支給が打ち切りとなり、八年分の家禄が公債証書で一括支給されたが、そのとき成之の母は実家の支給額が一一七〇円と聞いて、こういった。「お前（成之）の月給一年分にたらず物にて、いずれもこの通りと思えば、誠に出稼ぎ（海軍省出仕）を歓び候」「おかげにて楽々と日を暮らし、山々ありがたく御礼申し進ぜ候」（③明11・9・16）。

猪山家の人々は、親戚・元同僚の赤貧洗うが如き悲惨な窮乏生活を横目にみて、海軍勤めの有り難さが骨身にしみていた。そのため、あわよくば、成之の二人の子供も海軍に入れようとしたのは、当然の成り行きであった。しかも、海軍に入れるため、直之が徹底した英才教育を施している。年齢を詐称して小学校に早期入学させようとさえした。

明治五年八月一日、直之は満五歳になった綱太郎に語りかけている。「夜食後、台子に足を延ばし」、ゆったり語りかけたという。昔のこと、学問が大切なことを、である。猪山家が昔の極貧生活から学問で抜け出した経緯を語ったのである（①明5・8・2）。

感受性の強い綱太郎は翌朝「五時前に起き」て、書物・手習を教える宝来寺に下見にいく、と言い出した。「朝食を食べてから」といっても聞かなかったという。そして、直之と綱太郎の『大学』素読がはじまっている。弟の鉄次郎も「わしも読む」と言って加わった。こちらは僅か三歳なので真似事にすぎない。それでも「しかじか読」んだという。

それを聞いて、成之は東京から教科書を送っている。『絵入唐詩選』と『知恵袋』の二冊である。手習いは清書すると必ず東京へ郵送させた。大変な教育パパである。教育の目的ははっきりしていた。海軍に入れて身を立てさせるためである。明治六年一月十九日付の直之書簡は、それをはっきり示している。現代語訳する。

（孫二人は）知恵がつく最中で、善くないことがあれば、めきめき叱るのは私の役目と心得ています。あなた（成之）が幼少の頃、算盤で頭を殴ったところ、算盤は破損し、（算盤の）ツブは流しの前に飛び散る位のことがありました。「それすら、只今、八等官なり。東京の父上様は綱太郎を一等官にも致すべき了簡であると思って、こうしてイジメているのだ」と叱ると、（綱太郎は）恐縮の体です（中略）最近はラリルレロも大方覚えました。『絵本唐詩選』も日々拝見して喜んでいます。

「おまえを海軍一等官にするために勉強でイジメているのだ。だから算盤で頭をぶつ」という教育を、満五歳から受けて育った人間は、どのような思想を内面化するのであろうか。この先が恐ろしい気がする。しかし、幼少時から算盤で頭をぶちのめして会計技術を叩き込み、今の猪山家があるのは事実であった。

教育して官僚・軍人にして身を立てさせる。とくに、明治初年の士族はこの教育エネルギーが絶頂に達していた。日本近代の歩み、日露戦争を実質的に担った年齢層の将校達は、多かれ少なかれ、江戸時代の生き残りの父や祖父から、このような教育を受けて育っていた。この士族の家庭教育は、日露戦争の勝利に欠かせない要素となったが、その後の日本社会の針路に大きな弊害をもたらしたのも事実である。

綱太郎は八歳になったら東京の小学校へ入れることにした。祖父母も賛意を示している。孫は可愛いが教育が大事と考えたからである。しかし母親は沈黙していた。最初は地元金沢の小学校に入学させている。入学前から「小学校にては行儀第一」(①明6・3・13)と厳しく言われていた。

文部省の学制頒布をうけて、明治六年三月二十八日、金沢の区学校が「小学校と改正」され開校入学式が行われた。教育熱心な直之は綱太郎に「筆墨等手文庫に入れ持参」させたが、入学式の日に「稽古」はなく、少しがっかりしている。「追々、成長、右の如く入学。実に歓喜の至りにつき、同日は赤飯を催し、家内一同あい悦び大慶いたし候」とある。

直之の教育熱心は驚くばかりであり、「同校の生徒は七十人ばかりの由。綱、年輩以上、十才ばかりの人多く相見え候。教師の人々、左の通」(①明6・3・28)として、読書課四人・習字課一人・教学課二人・取締二人の名前を全て東京に書き送っている。しかも、登校には同行し、下校には近所の子供に「同道帰宅」を頼む過保護さをみせている。実は、直之は開校入学式に常服で出かけ、途中で礼服着用と知り、着替えに戻っている。

金沢で最初に小学校が始まった日、小学生たちは「学校にて生菓子をくだされ、昼頃より一同連れにて天満宮へ参詣。御酒をくだされ候」(①明6・4・9)とある。当時は神道と入学式が組み合わされ、そのうえ小学生に酒(おみき)を飲ませる入学式であった。綱太郎は「翌日より日々入情いたし、休日のほか、いまだ一日も欠座も致さず、雨降りの節、草紙・弁当を腰につけ、傘をさし」（①明6・4・9）て通学した。まさに優等生である。帰宅すると、家族中が学校の様子を尋ねた。「綱太郎どん」と呼ばれると、「ハイ、ハイ」と返事をする、と答え、あまりの可愛さに直之を「一笑」させている。名前を呼ばれて「ハイ」という学校文化は明治当初からあったのである。

自宅では片仮名を学習していたが、学校では平仮名を書かせるので、これには閉口したらしい（①明6・4・9）。学校で行った清書も東京に送られている。学校には「午前七時頃、出宅。午後三時頃、帰り申し候。時により顔を黒面の如くにして帰り、いずれも大笑いのこと也」（①明6・4・29）とある。

六月になると学習も本格化して、読書は「単語篇」というものを読み、神武天皇をはじめ歴代御名・年暦・五韻等を教えている。洋算の稽古もはじまり、石盤・石筆を買っている（①明6・6・9）。洋算は算盤の和算と違い、筆算で学ぶからである。「洋算の答えは我等わかり申さず」とあり、和算家の直之には孫の洋算の答え合わせはできず、東京にそのまま送っている（②明8・3・25）。結局、綱太郎は明治十一年に東京の学校へ出たが、その前年には父から「夜に日をついで勉強いたし候様に」言われ、事実そのように勉強した（③明10・12・10）。

弟の鉄次郎は「兄の学校へ参り候を羨ましく存じ候体」であった。「気がさの男にて、外にて気に合わぬこと」があると「雷の如く成り、声を出し、わめい」た（①明6・6・9）。猪山家では祖父が学校の復習をさせていたが、鉄次郎は入学後もなかなか勉強しなかった。しかし、体格はよく、「近所の子供も鉄次郎には、すもとろふ（相撲を取ろう）」とは言わないほどであった。

祖母が鉄次郎を叱った言葉が彼女の教育観を示していて面白い。「今の世には、ちからがいくらあっても、らちあき申さず。すもとり（相撲取）なれば、ちからがほしく候えども、おまえたちは学文に、ちからがつかねばならん、と申し候へば、こまっており申し候」（③明10・12・10）。学問こそが将来の生活の糧であると、はっきり認識している。また、学問の目的も単に教養のためではなく、職業地位を獲得する一手段と考えており、折に触れて、子供にもそのように吹き込んでいるのである。

猪山家のような海軍軍人は、金沢の士族にとって憧れであった。明治十一年五月十四日、大久保利通が紀尾井坂で暗殺された。斬ったのは政府に不満をもつ石川県士族。元忠告社社員の島田一良らであった。島田の遺書には、長男に学問をさせ、海軍に入れるように書いてあった。彼ら不平士族にとって猪山家は羨ましい存在であった。

ところが、処刑された島田らの遺体を市ヶ谷監獄に引き取りにいったのは、猪山成之であった（『石川縣史』第四巻、一一四七頁）。薩摩閥の海軍にあって、この行為は経歴にひびく。それでも成之は行った。

## その後の猪山家

その後、猪山家は、どうなったのであろうか。

まず、直之だが、大久保利通が殺害されたそのちょうど一月前、つまり明治十一年四月十四日に金沢で病死している。そして、一周忌を待って、金沢の一家は東京に移住した。明治十二年五月のことである。最初、成之の母、お駒は東京移住に二の足を踏んだ。成之の妻、お政も母が東京にいかないのなら金沢に残ると言ったが、結局、引越した。お三喜という娘と、兵助という三男も生まれた。しかし、お政は東京にきて七年目に病死している。

その後、成之は海軍主計大監になり、明治二十六年、呉鎮守府会計監督部長を最後に退役している。実は初期海軍の俸給表を作っていったのは成之の作業らしい。猪山家文書をいじっていると、海軍大輔川村純義と俸給制度について相談している書簡が出てきた。ちなみに川村純義は幼少時の昭和天皇を私邸に引き取って育てた人物である。

ところで、綱太郎と鉄次郎は、海軍に入れたのだろうか。入れたのである。まず、綱太郎は海軍兵学校にはいった。司馬遼太郎『坂の上の雲』で有名な秋山真之と同期（第十七期・明治二十三年卒）であった。大佐までいっている。また、鉄次郎も海軍省に入った。艦政本部の技官である。そして、あとで生まれた兵助も海軍兵学校に入っている。第三十期である。そのうえ、成之の妹お辰が猪山家に里帰りして産んだ子、沢崎寛猛も兵学校にはいっている。しかも、綱太郎と同期である。つまり、直之の孫は男子全員が海軍に入ったのである。日露戦争が始まると、それぞれが軍艦や本部で役目を果たした。

ところが、悲劇がおきた。明治三十七（一九〇四）年、猪山家の末っ子の兵助は少尉として日露戦争に従軍したが、遼東半島上陸作戦のさなか死亡したのである。『明治過去帳』という書物には「（仮装巡洋艦）香港丸に於て自殺す。年二十五」とある。

そして、大正三（一九一四）年にも事件が猪山家を襲った。猪山綱太郎と同期で兵学校に入った従弟の沢崎寛猛がシーメンス事件で収賄容疑をかけられたのである。無線電信施設の受注にからみ、三井物産から現金一万一五〇〇円を受け取ったとして懲役一年追徴金一万一五〇〇円の判決をうけた。一斉に、新聞記者が沢崎家と猪山家を襲った。

「万朝報」（大正三年二月十八日付）には、事件についての猪山綱太郎の匿名のコメントがある。当時の新聞は沢崎の妻の顔写真を載せ、幼い娘のことまで興味本位に書いた。猪山綱太郎と鉄次郎はたまりかね、沢崎家の門に「売家」と書いて貼り、沢崎の家族を新聞記者から逃がしている。

沢崎の罪には多分に情状酌量の余地がある。沢崎は近所の三井物産社員吉田収吉と家族ぐるみの付き合いをしていた。その吉田が病気で寝ていた沢崎の妻の枕元に見舞いと称して箱を一つ置いて帰った。開けてみて驚いた。七〇〇〇円の大金であった。その後も吉田は四〇〇〇円と五〇〇〇円を置いていった。これを黙認した沢崎には非がある。返しに行ったが、受け取ってもらえず、借用状態になった。それが運の尽きであった。ところが、事件後、吉田は監獄内で縊死体となって発見された。吉田は口封じの毒殺をおそれて家族の差し入れしか食べなかったほどで、首吊りは不可解であった。この吉田の変死で、奥の院である海軍薩摩閥は検察の手を逃れている。結局、沢崎らが罪を一身にうけた。トカゲの尻尾にされたといってよい。沢崎は猪山成之のあとを継ぐかのように、海軍の武器弾薬購入を一手に受け付けていたが、これがかえってアダになった。

世はすでに大正デモクラシーの時代に入っていた。明治維新のなかで政権を握った藩閥の黄金時代は終わり、「閥族」への攻撃がはじまっていた。猪山家の一族は、その時代の大波に巻き込まれてしまったといってよい。

成之の晩年は痛ましいものである。日露戦争では最愛の末子をなくし、シーメンス事件では後継者の甥が弾劾をうけて官界を追放された。さぞ辛いことであったに違いない。明治国家の海軍は、猪山家に大きな恩恵をもたらしたが、代償もまた大きかった。猪山家は海軍によって興り、海軍によって苦しめられた。成之はそれらすべてを見届け、大正九（一九二〇）年七月六日にこの世を去っている。享年七十七歳。死ぬ前に、きちんと家計簿を整理しているところが、いかにも「最後の御算用者」らしい。

# あとがき

「歴史とは過去と現在のキャッチボールである」学生時代、ふと教室の片隅で耳にしたこの言葉に、私は静かな感動をおぼえた記憶がある。歴史とは、いまを生きる我々が自分の問題を過去に投げかけ、過去が投げ返してくる反射球をうけとめる対話の連続。つまりは、そう考えたい。歴史はきまった史実を覚える「暗記物」ではないのだ。

本書で、私は、ある一つの社会経済体制が大きく崩壊するとき、人々はどのように生きるのか、というボールを過去に投げた。いうまでもなく、バブル崩壊、官僚制の失敗、家計の不安といった「いま」からの投球である。正直なところ、私には、これからこの社会がどのようになっていくのか、不安で不安で仕方がなく、猪山家文書という虫喰いだらけの古紙の山を前にして、「明治の人は、どうしていたのか」と問いかけずにはいられなかったのである。本書を書いた理由は、唯これ一つであった。

そして、この段ボール箱一つの古文書の山が、どのような返球をしてきたのかは、人によって解釈がわかれるだろう。それでよいと思う。読み手の側が、猪山家の人々が投げ返してくるボールをキャッチし、「死者との対話」を可能にするのが、本書のねらいであった。死者は雄弁である。問いかければ死せる者は語ってくれる。なるべく、猪山家の人々の「声」を掲載することにしたのも、日常生活のこまごまとした中味を紹介することにしたのも、そのためである。幕末明治から大正にかけて、激動期を生きた家族の肖像写真をそのまま見ていただきたいと思ったからである。あなたは猪山家の物語に何を想われたであろうか。

私はというと、猪山家の人々から、大切なことを教えてもらったように思う。大きな社会変動のある時代には、「今いる組織の外に出ても、必要とされる技術や能力をもっているか」が人の死活をわける。かつて家柄を誇った士族たちの多くは、過去をなつかしみ、現状に不平をいい、そして将来を不安がった。彼らに未来はきていない。栄光の加賀藩とともに美しく沈んでいったのである。一方、自分の現状をなげくより、自分の現行をなげき、社会に役立つ技術を身に付けようとした士族には、未来がきた。私は歴史家として、激動を生きたこの家族の物語を書き終え、人にも自分にも、このことだけは確信をもって静かにいえる。恐れず、まっとうなことをすれば、よいのである……。

二〇〇三年一月二十四日

磯田道史

参考文献リスト

●著　書

古林亀治郎編『現代人名辞典』中央通信社、一九一二年
和田文次郎『郷史談叢』第三輯、和田文次郎、一九二一年
日置謙編『加賀藩史料』全一八巻、前田育徳会、一九二九〜四三年
日置謙『石川縣史』第四巻、石川県、一九三一年
石林文吉『石川百年史』石川県公民館連合会、一九七二年
大植四郎編『明治過去帳物故人名辞典』東京美術、一九七一年
J・F・C・フラー『制限戦争指導論』原書房、一九七五年
S・ハンチントン『軍人と国家』原書房、一九七八年
盛善吉『シーメンス事件—記録と資料』現代史出版会、一九七六年
小野武雄『江戸物価事典』展望社、一九七九年
中村好寿『二十一世紀への軍隊と社会』時潮社、一九八四年
西川俊作『日本経済の成長史』東洋経済新報社、一九八五年

J・F・モリス『近世日本知行制の研究』清文堂、一九八八年
富永健一『日本の近代化と社会変動』講談社学術文庫952、講談社、一九九〇年
野村昭子『加賀藩士族島田一良の反乱』北国新聞社、一九九〇年
忠田敏男『参勤交代道中記—加賀藩史料を読む—』平凡社、一九九三年
笠谷和比古『近世武家社会の政治構造』吉川弘文館、一九九三年
中村隆英編『家計簿からみた近代日本生活史』東京大学出版会、一九九三年
園田英弘『西洋化の構造—黒船・武士・国家—』思文閣出版、一九九三年
太田素子『江戸の親子』中公新書1188、中央公論新社、一九九四年
田川捷一編著『加越能近世史研究必携』北国新聞社、一九九五年
園田英弘・濱名篤・廣田照幸『士族の歴史社会学的研究』名古屋大学出版会、一九九五年
速水融『歴史人口学の世界』岩波書店、一九九七年
高野信治『近世大名家臣団と領主制』吉川弘文館、一九九七年
廣田照幸『陸軍将校の教育社会史』世織書房、一九九七年
落合弘樹『秩禄処分』中公新書1511、中央公論新社、一九九九年
成松佐恵子『庄屋日記にみる江戸の世相と暮らし』ミネルヴァ書房、二〇〇〇年
高澤裕一他『石川県の歴史』山川出版社、二〇〇〇年

金沢市史編さん委員会編『金沢市史　資料編14　民俗』金沢市、二〇〇一年
鳥取市歴史博物館やまびこ館『大名池田家のひろがり』鳥取市歴史博物館、二〇〇一年
坪内玲子『継承の人口社会学』ミネルヴァ書房、二〇〇一年
徳田寿秋『加賀藩における幕末維新期の動向』私家版、二〇〇二年
鬼頭宏『文明としての江戸システム』講談社、二〇〇二年
速水融『江戸農民の暮らしと人生　歴史人口学入門』麗澤大学出版会、二〇〇二年
高野信治『藩国と藩輔の構図』名著出版、二〇〇二年
宮崎克則『逃げる百姓、追う大名』中公新書1629、中央公論新社、二〇〇二年
速水融『近世日本の経済社会』麗澤大学出版会、二〇〇三年
磯田道史『近世大名家臣団の社会構造』東京大学出版会、二〇〇三年

## ●論　文

斎藤修「徳川後期における利子率と貨幣供給」（梅村又次他『日本経済の発展』）
見瀬和雄「稲葉左近と寛永期の加賀藩政―勘定機構の成立をめぐって―」（『国学院雑誌』86巻10号、一九八五年）
朝尾直弘「一八世紀の社会変動と身分的中間層」（辻達也編『日本の近世　一〇　近代への胎動』中央公論新社、一九九三年）

落合弘樹「ある古河藩士の幕末・明治」（『茨城県史研究』第七十四号、一九九五年）
高木侃「武士の離縁状」（『愛知學院大學論叢法學研究』第三十七巻第一・二号、一九九五年）
磯田道史「大名家臣団の通婚構造」（『社会経済史学』六三―五、一九九七年）
木越隆三「武家奉公人の社会的位置」（共著『近世社会と知行制』思文閣出版、一九九九年）
磯田道史「近世大名家における足軽の召抱と相続」（『日本歴史』六二八号、二〇〇〇年）
磯田道史「近世大名家臣団の相続と階層」（『地方史研究』五〇―六、二〇〇〇年）
川口洋「牛痘種痘法導入期の武蔵国多摩郡における疱瘡による疾病災害」（『歴史地理学』43巻1号、二〇〇一年）
磯田道史「幕末維新期の藩校教育と人材登用」（『史学』七一―一・二、二〇〇二年）
蔵原清人「金沢藩明倫堂の和算教育」「金沢における洋算教育の展開」（幕末維新学校研究会編『幕末維新期における「学校」の組織化』第五章、第六章、一九九六年）
蔵原清人「金沢に洋算を伝えた戸倉伊八郎」（『市史かなざわ』第六号、二〇〇〇年）

## ●未公刊史料

「旧金沢藩士　猪山家文書」「先祖由緒并一類附帳」明治三年

謝辞

猪山家文書は鈴渓学術財団・盛田家（ソニー盛田昭夫氏の生家）の助成金のおかげで購入できた。本書は文部科学省科学研究費補助金（特別研究員奨励費）による研究成果の一部である。国際日本文化研究センターの共同研究会「公家と武家」（代表・笠谷和比古氏）および「徳川日本の家族と社会」（代表・落合恵美子氏）では、官文娜氏はじめ先生方から貴重な意見をいただいた。日本学士院の速水融、慶應義塾大学の坂井達朗・田代和生・柳田利夫・三宅和朗・友部謙一、一橋大学の斎藤修、上智大学の鬼頭宏、早稲田大学の深谷克己、京都府立大学の水本邦彦の各氏には、学生時代から多大な学問的影響をうけた。近世史・幕末維新史では、大妻女子大学の高木不二、明治大学の落合弘樹、九州大学の高野信治、香川大学の村山聡、金沢大学の奥田晴樹の各氏から多くの刺激をうけている。新潮社の大畑峰幸氏、麗澤大学研究事務の鈴木敦子氏をはじめ、積雪の中、靴をぬらして猪山家の墓石を一緒に探してくださった石川交通タクシー運転手の方など、多くの人々の協力なしには、本書は世に出なかったであろう。

そして、なにより、本書を金沢寺町極楽寺の猪山家歴代の墓前に供えたいと思う。

**磯田道史**　1970（昭和45）年岡山市生まれ。茨城大学准教授。慶應義塾大学文学研究科博士課程修了。日本学術振興会特別研究員、慶應義塾大学非常勤講師などを経て現職。著書に『江戸の備忘録』など。

Ⓢ新潮新書

005

**武士《ぶし》の家計簿《かけいぼ》**

**「加賀藩御算用者《かがはんごさんようもの》」の幕末維新《ばくまついしん》**

著　者　**磯田道史《いそだみちふみ》**

2003年4月10日　発行
2023年3月30日　61刷

発行者　佐　藤　隆　信

発行所　株式会社新潮社

〒162-8711　東京都新宿区矢来町71番地
編集部(03)3266-5430　読者係(03)3266-5111
http://www.shinchosha.co.jp

印刷所　錦明印刷株式会社

製本所　錦明印刷株式会社



ISBN978-4-10-610005-5　C0221